티모스
실종 사건

누구나 가졌지만 아무도 찾지 못한 열정

티모스 실종 사건

우종민 지음

THYMOS

한국경제신문

퇴화된 열정이 깨어날 시간

사람의 앞가슴 한복판, 복장뼈 안에는 20~30그램의 작은 면역 기관이 있다. 바로 가슴샘, 흉선(胸腺)이라 불리는 티모스(thymus)다.

면역기관 티모스의 어원은 그리스어로 thymos 또는 thumos이 다. 고대 그리스인들은 전투 중에 타오르는 정당한 분노처럼 무언 가 움직이고 변화하는 기운을 티모스(thymos)라고 했다. 티모스는 용기와 기백, 활력, 열정을 뜻한다. 인정받고 싶은 욕구나 자부심 을 뜻하기도 한다. 뜻이 다양한 것처럼 보이지만 모두 일맥상통한 다. 정당한 인정을 받아야 활력이 생기고 일에 열정을 발휘할 수 있으며, 스스로 자기 자신을 인정해야 용기와 자부심, 기백이 생기 므로 뜻은 모두 통한다.

이렇게 중요한 티모스는 우리 몸의 어디에 있을까? 최소한 머리 는 아니다. 그곳은 차가운 이성이 있는 곳이니까. 용기와 기백은 어디에서 느끼는가. 인정을 받지 못하면 어디가 아픈가. 가슴이다. 티모스는 가슴으로 뜨겁게 느끼는 기운이다. 그래서 고대 그리스 인들은 열정의 발전소인 티모스가 가슴 한복판에 있을 것이라 생 각했다. 그런데 마침 바로 그 가슴 한복판에서 면역기관을 발견했다. 그들은 "면역이라는 게 외부의 공격에 맞서 내 건강을 지키려고 싸우는 역할이다. 그게 용기와 기백이니까 이게 바로 그 티모스구나"라고 생각해 이 면역기관에 '티모스'라는 이름을 붙였다. 만약 전투를 하다가 창에 찔려서 복장뼈에 구멍이라도 나면, 티모스가 새어나가서 가슴 속의 용기와 기백도 사라진다고 믿었다.

티모스는 무엇인가를 하도록 인간을 움직이는 힘이다. 현대의 티모스는 무시당하지 않도록 나를 지켜내기 위한 정당한 분노와 성취 욕구, 인정 욕구를 뜻한다. 가슴을 벅차게 하고 두 눈을 똑바로 뜨고 정면을 바라볼 수 있도록 하는 에너지이다.

최근 대한민국은 활력을 잃고 있다. 직장인을 만날 때 마다 뼈아프게 느껴진다. 생기 없고 지쳐 있다. 겉으로는 웃지만 속은 썩고 있다. 열정과 기백은 사라졌고, 탈진증후군이 유행한다. 가슴속 티모스가 실종되었고 모두 일의 노예, 숫자의 노예가 되고 있다. 일은 사람이 하는 것인데 가슴속 생명력 없이 무슨 힘으로 일하겠는가. 그냥, 할 수 없이, 해야 하니까 하는 것 밖에 되지 않는다.

모든 이의 가슴 속에는 사회와 조직에서 정당하게 인정받고 싶은 강렬한 욕구가 있다. 인정 욕구가 잘 실현되면 성취감도 강해지고 불굴의 도전정신이 생긴다. 반면 인정을 받지 못하면 기운이 빠지고 의욕을 잃어버린다. 하지만 나를 공정하게 평가하지 않는 그 모든 것에 맥없이 무릎 꿇을 수는 없다. 나의 실존과 가치를 입증하기 위해 분투하는 것은 인간으로서 마땅한 권리이다. 그러나 불행히도 현대인은 성인이 되면서 면역기관 티모스가 퇴화되어버린다. 마치 사회생활을 오래 할수록 용기와 기백을 잃는 것처럼 말이다.

　오늘의 우리에게는 티모스가 절실하다. 왜? 의욕을 끌어올리고 열정을 꽃피우는 것, 개인과 조직의 인정 욕구를 잘 살려주는 것, 그래서 역량을 키우고 도전하는 것, 이것이 바로 미생(未生)에서 완생(完生)이 되는 유일한 길이기 때문이다.

　나는 오랜 기간 비즈니스 현장에서 직장인에 대해 연구해왔다. 직장인들의 굳은 얼굴을 마주할 때마다 간절히 고민했다. '이들의 기백을 살려줄 방법이 무엇이 있을까? 읽으면서 에너지가 팍팍 생길 이야기는 무엇일까?' 나는 티모스를 부활시키는 것이 꼭 필요하다고 판단했다. 그래서 다소 드라마틱한 이야기지만 현대인의 우화가 되기를 바라는 마음으로 《티모스 실종 사건》을 썼다.

　오리는 태어나서 처음 본 움직이는 것을 어미로 여기고 졸졸 따라 다닌다. 로렌츠 박사는 이 현상을 각인(imprinting)이라고 했다. 뇌의 창문이 열리는 그 '결정적 순간'에 만난 인연이 마치 도장을 새기듯 가장 강력하게 뇌에 각인된다. 사람에게도 그처럼 각인되는 결정적 순간, 결정적 만남이 있다. 위축된 티모스는 혼자서 살려내기 어렵다. 누군가 곁에 있어야 한다. 잠재된 나의 열망을 보아줄 인연을 만나야 한다. 그 좋은 인연은 지금 내 옆에서 자판을 두드리는 동료일 수 있고, 팀장일 수도 있으며, 남이 아닌 바로 나 자신일 수도 있다. 또한 온전한 나를 만남으로써, 나도 누군가의 열망을 찾아주는 조력자가 될 수 있다.

　진료실에서 나는 하루에도 몇 번씩 바로 지금 이 순간이 '결정적 순간'이 아닐까 예감한다. 짧은 시간이지만 나와 만나고 난 뒤 자신과 주변의 운명을 바꾸고 삶의 한 챕터를 새로 써내려가는 리더들이 많다. 모든 이들이 꿈과 열망과 기백과 자부심을 찾는 그날, 정당한 인정을 받아 자신감이 충만하여 훨훨 날아갈 그날을 위해 나는 수많은 사람과 만나 이야기를 듣고 질문을 하며 함께 깨닫고 변해왔다. 매 순간이 바로 결정적 순간이었다. 하지만 시간과 공간의 제약 탓에 아쉽게 지나친 순간도 꽤 많았다.

　그 결정적 순간을 많은 독자와 나누기 위해 나의 아바타인 유인정 원장이라는 캐릭터를 만들었다. 유인정 원장은 소설 《공중그네》에 나오는 의사 이라부에게서 아이디어를 얻었다. 유 원장은 평소에 내가 살아보고 싶었던 정신건강의학과 의사의 모습이기도 하다. 그는 가볍고 유쾌하다. 시종일관 툭툭거리지만 따뜻한 속마음이 그대로 배어 나온다. 그는 환자에게 편하게 말을 놓기도 하고, 까칠한 소리도 해댄다. 그래도 밉지는 않다. 실제 진료 현장에서는 그렇지 않지만 책에서는 일부러 그렇게 설정했다. 평소 한 번쯤 해보고 싶었지만 실제로 할 순 없었던 일을 가상의 인물인 유인정 원장을 통해 묘사했다. '의사가 늘 반말을 하나?' 하고 오해하지 않으시리라 믿는다.

나는 다양한 직장인들에게 수집한 사연을 모아서 분석하고 공통점을 뽑아내어 대안도 정리하였다. 여기 나오는 나상준 팀장이나 노혁재 팀장, 홍태만 과장 등은 우리 주변에서 쉽게 볼 수 있는 캐릭터들이다. 상담과 진료를 하면서 실제로 만났던 사례들이기도 하다. 독자들도 4팀 구성원들을 보며 자기 모습을 비춰볼 것이다. 그들이 어떻게 어려움을 극복하고 팀 전체의 티모스를 살려가는지 보면서 독자들도 그동안 잊고 있었던 가슴 속 티모스를 활짝 꽃피우기를 바란다. 마지막으로 이 책을 쓸 수 있도록 힘을 보태준 나의 티모스 동반자들에게 감사의 인사를 전한다.

　자, 오른손 주먹을 살짝 쥐고 가슴팍을 툭툭 쳐보자.

　티모스야, 이제 깨어날 시간이다.

우종민

티모스
실종 사건
CONTENTS

CHAPTER 1
정글의 법칙

CHAPTER 2
실종된 티모스

티모스 위축증

 광고업계의 새로운 블루칩 이후기획의 나상준 팀장은 요새 일주일 동안이나 잠을 못 잤다. 끔찍한 불면증은 안팎으로 그를 피폐하게 만들었다. 이유 없이 불안감을 느끼고 예민해져서 한시도 가만히 있을 수가 없었다. 누가 봐도 그의 몰골은 예전과 너무나 달랐다. 두 눈자위는 움푹 꺼지고 다크서클이 턱까지 내려온 데다 아침에 면도를 하고 나와도 점심때면 벌써 수염 자국이 시커메져 꺼칠하기 그지없었다. 속 또한 말이 아님은 두말하면 잔소리. 이러다 진짜 죽을 것만 같았다.

 결국 그는 회사 건물 3층에 있는 정신건강의학과를 찾아갔다. 39년을 살면서 단 한 번도 찾을 일이 없었던, 앞으로도 없을 거라 믿었던 곳을 말이다.

 "이런 데 온 게 처음인가 봐?"

의사가 대뜸 하는 말이다. 책상 한구석에 삐뚜름하게 놓인 명패를 보니 유인정 원장이라고 되어 있는데, 이 사람 게 맞나? 처음 보는 자리에서 왜 이렇게 친근하게 굴어? 사람 속도 모르고 헤죽거리며 맞이하는 그는 앙상한 몰골의 나상준과 달리 얼굴에 윤기가 좔좔 흘렀다.

"그렇죠, 저도 제가 이런 곳에 오게 될 줄은……."

"그래그래, 원래 한 치 앞도 모르는 게 사람 일 아니겠어? 근데에, 요새 잠을 통 못 자나 봐?"

"그게, 제가 원래 머리만 대면 자는 사람인데……."

"근데 요즘엔 잠도 안 오고 툭하면 속에서 천불이 난다고? 그치그치? 나도 모르게 멍 때리고 있고, 정신 차려야지 해놓고선 또 멍해 있고."

헉, 어떻게 알았지? 나상준은 흠칫 놀란다.

"예전엔 안 그랬는데 요즘 들어 매사에 의욕도 없고, 가끔은 왜 사는지 모르겠고. 응응? 내 말이 틀려?"

"아뇨, 다 맞습니다. 근데 그걸 어떻게……?"

"히히. 당신 얼굴에 그렇게 쓰여 있는걸, 뭐."

유 원장이 흰 뻐드렁니를 드러내며 히죽 웃는다. 나상준은 손바닥으로 얼굴을 쓸어보며 퀭한 눈을 끔뻑였다. 이 사람 도대체 뭐야? 뭐, 내 얼굴에 쓰여 있다고? 허 참, 점쟁이 같은 소리를 하는군. 그가 어리둥절한 표정을 짓자 유 원장이 유들유들한 얼굴을 가까이 대더니 말한다.

"딱 답이 나와. 티모스 위축증이야."

어쩜 말까지 이렇게 점쟁이가 점괘 내놓듯 하냐.

"티……, 뭐라고요……?"

"티.모.스. 철자는 'thymos'. 한마디로 인정받고 싶은 욕구를 말하지."

뭐라 대꾸도 못 하고 멍하니 바라보는 그를 보면서 유 원장은 뭐가 그렇게 신 나는지 계속 떠들어댄다.

"인간이라면 누구한테나 있어. 근데 그 욕구가 너무 없으면 그것도 문제, 과하면 그것도 문제지. 당신은 열심히 앞만 보고 달려왔는데, 무슨 일 때문인지 몰라도 팍 고꾸라졌군. 인정 욕구가 채워지지 않아서 좌절한 거지. 당신의 병명은 한마디로 이거야. 티모스 위축증!"

티모스 위축증이라니, 이 무슨 해괴망측한 병명이란 말인가.

THYMOS

CHAPTER 1
정글의 법칙

당신이 잘나갈 때
사람들에게 친절하라.
언젠가 인생의 내리막에서
그들을 만날 수 있다.

월슨 미즈너

연승 행진

"이 안경의 셀링 포인트는 바로 평범한 남자를 지적으로 만들어 준다는 겁니다. 이 안경만 쓰면 어리바리한 남자도 샤프하고 지적인 남자로 변신하죠. 블랙의 안경테 중 유독 브리지 부분만 은광 처리를 한 덕분에 뭉뚝한 콧대가 날렵하게 보이는 착시효과를 만들어냅니다. 템플, 바로 이 안경다리 부분이 매끈하고 가늘게 빠진 것도 그 효과를 더해주죠."

나상준은 지금 회사의 사활이 걸린 PT를 하는 중이다. 광고주는 성형안경그룹으로, 대한민국 안경회사 중 가장 굵직한 기업이다. 이곳의 광고를 수주하기 위해 그간 업계에서는 낮밤을 잊고 경쟁 PT를 준비해왔다. 성형안경그룹에는 크고 작은 계열사들이 감자 영글듯 주렁주렁 달려 있어, 하나만 뚫어두면 나머지는 절로 따라오게 된다. 아웃도어 용품, 남성 정장, 정력제, 무좀양말까지. 이

시대의 남성을 위한 모든 것을 생산하는 알토란 같은 기업이다. 알부자로도 소문이 자자한데, 제날짜에 딱 맞춰 현금 결제해주는 것으로 유명했다. 그러니 광고 '주' 님 중에서도 최고의 주님으로 모시고 싶어 너도나도 침을 흘릴 수밖에.

"지적으로 보이는 게 뭐 그리 중요하냐고요? 저희가 이번 PT를 준비하면서 서울의 20~30대 오피스 레이디들을 대상으로 조사를 해보았습니다. 질문은 이것이었죠. '남자가 가장 섹시해 보일 때가 언제인가.' 1위가 바로 '이지적 땀방울'이었습니다. 구체적인 그림은 와이셔츠 소매를 걷어붙이고 이마에 땀이 살짝 맺혀 있는 그가 안경다리를 오른손 검지로 살짝 밀어 올릴 때! 그때가 가장 멋있다는 거죠."

나상준은 최근 무섭게 치고 올라오는 광고회사인 이후기획, 그 안에서도 가장 잘나가는 1팀 팀장이다. 경쟁 PT에서는 준비 과정이 반이라면, 당일 프레젠터의 카리스마가 나머지를 좌우한다. 나상준은 이 바닥에서 최고의 프레젠터로 이견이 없는 인물이다. 앞뒤가 딱딱 들어맞는 논리력에 막힘없는 언변, 말의 속도와 강약까지 완벽해서 매번 청중을 들었다 놨다 했다.

"참고로 저희 팀 모두 이 안경을 써보았습니다. 그중 팀에서 가장 코가 낮은 김 대리의 비포, 애프터 사진을 보여드리겠습니다. 어떻습니까? 콧날이 확실히 살아나죠? 이 안경을 쓴 이후로 김 대리 인생에 아주 놀라운 변화가 생겼습니다. 난생처음 소개팅에 성공한 것이죠. 지난 5년간 김 대리는 미팅 자리에 나갈 때마다 폭탄 제거용 폭탄 역할을 도맡았다고 합니다. 그런 김 대리가 목하 열애 중입니다. 저희는 이 자리에 오기 전, 김 대리 여자친구에게 사진을 공개해도 된다는 허락을 받아냈습니다. 짠, 어떻습니까? 걸 그룹 수지도 울고 갈 미모의 소유자죠? 우리는 아주 중요한 사실을 발견했습니다. 잠 안 자고 공부하면 미래의 아내 얼굴이 바뀐다, 이런 말은 이제 너무 진부하다는 거죠. 이제부터는 이렇게 바뀌어야 합니다. 안경이 바뀌면 미래의 아내 얼굴이 바뀐다!"

"하하하."

"깔깔깔."

나상준의 카리스마에 사로잡혀 엄숙하게 듣고 있던 사람들이 모두 큰 소리로 웃기 시작했다. 광고주인 김 회장도 파안대소를 하며 엄지손가락을 치켜들었다. 깐깐하기로 유명한 그가 그 정도의 제스처를 보였다면, 게임은 이미 끝난 거다. 경쟁사 직원들은 무대에 서보기도 전에 울상이 되었다.

"안경이 바뀌면 미래의 아내 얼굴이 바뀐다―성형안경. 이것이 저희가 뽑아낸 카피입니다. 감사합니다."

"짝짝짝."

"우후!"

우레 같은 박수 소리가 대형 회의장 안을 쩌렁쩌렁 울렸다. 나상준의 PT는 이번에도 명쾌함과 창의성 두 마리 토끼를 다 잡아냈다. 핵심을 정확하게 짚으면서도 유머감각을 잃지 않았다.

분위기가 이미 기울었음을 읽은 그는 짧고도 강력한 마무리를

끝으로 무대에서 내려왔다. 대부분이 간과하는 사실이지만, 이 순간도 무대에 서 있을 때만큼 중요하다는 걸 그는 오랜 경험으로 안다. 만면에 미소를 띠고, 바른 걸음걸이로 자리에 돌아온 그는 그곳에서 다시 한 번 광고주를 향해 고개를 숙였다. 아니나 다를까. 김 회장의 시선이 그를 따라오고 있었다. 광고주들이 그를 신뢰하는 또 하나의 이유가 이것이다. 처음부터 끝까지 절대 허술함이 없다는 것을 보여주는 자세니까 말이다.

지난 몇 달간 총력을 다해온 프로젝트가 드디어 끝났다. 언젠가 역술가한테 들은 말이 떠올랐다.

"입에 복이 잔뜩 붙었어. 당신 말은 귀에 쏙쏙 들어와. 누구라도 금세 혹하게 되지. 홍보나 마케팅 쪽 일을 하면 대성할 거야. 대신 나쁜 말을 하면 그대로 망해. 상대가 두 배로 상처받거든. 그러니 혀를 잘 써야 해."

'역시 내 입에 복이 붙은 게 확실해.'

나 팀장은 승리를 확신하며 회사로 돌아왔다. 매우 이례적으로 PT 결과가 당일 통지되었는데, 결과는 예상한 대로였다.

"저희 성형안경그룹은 내년 광고를 맡아줄 대행사로 이후기획을 선정하였습니다. PT에 임해주신 모든 대행사 임직원 여러분께 심심한 감사를 드립니다."

대어를 낚다

"나 팀장, 수고했네. 역시 한국의 스티브 잡스야. 으흐흐."

이후기획의 이화승 사장은 나상준을 대견하다는 눈빛으로 바라보며 입에 침이 마르도록 칭찬했다. 둘러선 직원들 들으라는 소리 같기도 했다.

"자자, 여러분, 오늘 한잔해야지. 모처럼 코가 삐뚤어지게 마셔보라고. 이 꼰대는 빠져줄 테니까."

사장이 나상준의 옆구리에 흰 봉투 하나를 푹 찔러 넣었다. 기분이 좋으면 빳빳한 1만 원권 뭉치로 회식비를 챙겨주는 게 그의 독특한 버릇이었다. 오늘은 특히나 봉투가 더 두툼해 보였다.

"사장님이 빠지시면 무슨 재미로 회식을 하나요? 저희랑 함께 가시지……."

"아이고, 됐네요. 원래 나이 들면 입은 다물고 지갑만 열랬어. 나

이래 봬도 눈치 있는 사장이야. 나는 이제 주님의 기쁨조가 되어드리러 가야지. 나 팀장은 주인공이니까 특별히 오늘 접대에서 빼주는 거야. 그동안 피곤했을 테니 오늘은 편하게 마시라고. 내 살신성인함세."

사장은 다소 과하다 싶게 손사래까지 치며 나상준의 말을 물리쳤다. 그때 사장의 휴대폰이 울렸다.

"네, 회장님! 지금 어디십니까? 오늘 밤 제가 아주 극진히 모시겠습니다요. 조금만 기다리고 계십시오. 네? 친히 이곳으로 오신다구요? 아유, 황송하게도……."

얼마 지나지 않아 그들 앞에 고급 승용차 한 대가 끼익 하고 섰다. 김 회장의 차였다. 사장의 허리가 자동으로 90도 넘게 꺾였다. 차가 완전히 멈추자 그는 몸을 더 굽혀 기다시피 차 안으로 들어갔다. 그는 차 안에서도 허리를 꼿꼿이 펴지 못한 채로 굽신거릴 것이다. 대행사에게 광고주란 그런 존재였으니까. 수틀리면 무엇으로든 트집을 잡아 계약을 해지할 수도 있다. 게다가 지금 이후 기획이 낚은 것은 대어 중의 대어다. 사장이 자기만 접대 자리에 가는 것도 바로 그 때문이다. 나 팀장이 함께 가면 당연히 그에게로 관심이 집중될 터이고, 그러면 곤란해진다. 주도권은 어디까지나 자신이 쥐고 있어야 한다는 게 이화승 사장의 오랜 지론이다. 그가 오늘 어떤 식으로 광고주 비위를 맞출지는 안 봐도 뻔했다. 영혼은 진작 내던졌을 거고 간, 쓸개도 서랍에다 넣어두고 나왔을 것이다.

두 사람이 탄 차가 눈앞에서 사라질 때까지 두 손 공손히 모으고 서 있던 일행은 이제 나상준 팀장을 중심으로 다시 모였다. 이번 PT를 함께 준비한 1·2팀이다. 나상준이 어깨에 힘을 팍 주며 입을 열었다.

"우리도 한번 진탕 마셔볼까? 그동안 구내식당 밥만 먹느라 지겨웠지. 자, 오늘은 한우 좀 먹어주자고."

불판에서 한우가 지글지글 익어갔다. 팀원들은 긴장이 서서히 풀림과 함께 갑작스러운 허기를 느꼈다. 못 먹고 못 잔 지난 한 달을 보상하려면 고기에 불김만 쐬고 입으로 직행시켜도 모자랄 것이다. 그래도 오늘의 물주는 나 팀장이니 그가 젓가락을 들 때까지는 예의상 기다려야 한다. 한 가지 다행이라면, 그에게 술 따라주는 일을 피하려고 서로 눈치를 보지 않아도 된다는 것이다. 아무래도 술을 따르려면 이러니 저러니 기분 맞추는 소리를 해야 할 텐데, 심적으로도 체력적으로도 도저히 그럴 여력이 없다. 이때 아부왕 김영근이 기다렸다는 듯이 등장한다.

"캬! 역시 팀장님은 최고의 능력자이십니다. 어쩌면 그렇게 달변이십니까? 팀장님 어머니께서 뭔가 특별한 태교를 하셨나 봅니다!"

"하하. 뭐 태교까지는 모르겠고. 내 자랑은 아니지만, 어릴 때 말이야 이런 일이 있었대. 동네 전파상 아저씨랑 세탁소 아저씨가 장기를 두다가 싸움이 붙었다나 봐. 장기판이 엎어지고 장기알이 막

나뒹굴고, 두 사람이 과거사까지 다 끄집어내며 네가 잘했니, 내가 잘 했니 하며 드잡이를 할 판이었는데 말야. 어린 내가 딱 나서서 그걸 중재했다는 거 아니겠어? 전파상 아저씨는 이거 이거를 잘못했고, 세탁소 아저씨는 이거 이거를 잘못했소. 두 분이 잘못한 숫자가 같으니 쌤쌤이요, 화해하세요, 이랬다잖아 글쎄. 고작 여덟 살밖에 안 된 꼬맹이가 말이야. 어른들은 어이가 없어서 웃다가 저절로 화해가 됐다더군. 사실 난 잘 기억이 안 나지만. 어쨌든, 그래서 어른들은 다 내가 변호사나 판사가 될 줄 알았다는 거야, 하하."

"우와. 정말 될성부른 나무는 떡잎부터 알아본다더니 팀장님은 어릴 때부터 대단하셨네요."

김 대리가 오버스러운 몸짓으로 맞장구를 쳤다. 그런데 다른 직원들은 겨우 장단만 맞춘다는 식으로 억지웃음이 역력했다.

"아차차, 내 얘기가 길어졌군. 자 건배하자고. 다들 그동안 수고했어요. 자, 위하여!"

나상준의 건배사에 모두 술잔을 짠 부딪쳤다. 젓가락이 오르락내리락하면서 술자리에도 활기가 돌기 시작했다. 맛있는 한우와 술로 배를 채우자 일단 살 것 같았다. 모두의 얼굴이 불그죽죽해졌다. 이제 지옥 같던 시간은 지나갔다. 오늘 밤엔 드디어 꿀잠을 잘 수 있겠구나. 다들 그런 생각을 하며 노곤하게 처지는 몸을 가누고 있었다.

추가분의 고기가 연이어 구워지고 빈 술잔은 잽싸게 다시 채워졌다. 거기까지는 나쁠 것 없다. 그런데 누구나 염려하던, 이 자리가 어서 파했으면 싶어지는 일이 역시나 일어나고 말았다. 회식 때마다 그래 왔듯이, 나 팀장의 훈계가 시작된 것이다.

"자네들 말이야, 세상은 1등만 기억한다는 걸 명심해야 돼. 학교 다닐 때 운동장 조회 생각나나? 전교 1등짜리는 단상 위로 올라가서 상 받지? 그 한 명 빼고 나머지는 박수부대야. 결국 평생을 남 박수만 쳐주다가 들러리 인생으로 끝내는 거라고. 그러니까 지지 않으려면 이를 악물고 두 손을 불끈 쥐어야 해. 이 바닥 생리 누구보다 잘 알지? 도태되면 바로 잊힌다는 거. 다들 정신 바짝 차려."

아 진짜, 오늘 같은 날까지 저 얘길 들어야 하나? 바로 어제까지 꼬박 한 달이 넘게, 날이면 날마다 듣던 말이다. 사실은 일이 힘들었다기보다 그놈의 잔소리가 더 힘들었다. 다들 말은 못해도 술맛 확 떨어진다는 표정들이다. 그러거나 말거나, 나상준은 취기가 더해질수록 목소리가 높아지며 비슷한 얘기를 하고 또 했다.

"세상은 냉정한 곳이야. 먹고 먹히는 먹이사슬 알지? 김 대리, 알아 몰라."

"아, 압니다. 먹고 먹히는 곳이고 말고요……."

"먹히지 않으려면 최고가 되어야 하는 거야. 특히 이 광고계에 발을 디딘 이상 자네들 모두가 하나의 브랜드라고 생각하고 각자 자기관리를 철저히 해야 한다고."

나상준이 술잔을 쭈욱 들이켰고, 김 대리가 넘치게 또 따랐다.

"습관을 바꾸란 말이야, 습관을. 아침에 일찍 일어나서 영어 뉴스 듣는 사람, 나 말고 여기 또 있어? 일주일에 세 번 피트니스센터

가서 몸 만드는 사람, 있어? 광고쟁이는 말야, 머리도 샤프해야 하고 몸도 샤프해야 해. 현란한 말솜씨뿐 아니라 외모로도 광고주를 사로잡을 수 있어야 한다고."

점점 혀가 꼬여가는 그의 잔소리에 귀를 기울이는 사람은 없는 듯했다. 충실하게 술잔을 채우던 김 대리마저 겨우 하품을 참고 있었다.

"어제와 같은 삶을 살면서 다른 미래를 기대하는 것은 정신병 초기 증세다. 누가 한 말인지 알아? 아인슈타인이야, 아인슈타인. 자네들 지금처럼 계속 안일하게 살다가는 이 바닥에서 쫓겨나는 건 시간문제라고. 죄다, 더 철저하게 말야, 자기관리를 해야만, 응? 이 판에서 살아남고……"

입에 거품을 물고 일장연설을 하던 그가 갑자기 옆으로 푹 고꾸라졌다. 팀원들은 살았다, 하는 눈빛을 주고받으며 하나둘 자리에서 일어섰다.

사장의 사람

월요일 아침, 출근하자마자 이화승 사장이 나상준을 찾았다. 사장실 문을 열고 들어가자 담배 냄새가 확 느껴졌다. 아마도 줄담배를 피워댄 듯하다. 나상준도 한때는 애연가였지만 진작 끊었다. 옷에 안 좋은 냄새가 밸 뿐 아니라 속에서 역한 기운이 올라오는 게 싫어서다. 그때부터는 담배 연기를 몹시 싫어하게 되었다. 그는 심호흡을 한 번 한 뒤, 터져 나오려는 기침을 꾸역꾸역 참으며 얼굴에 미소를 만들었다.

"사장님, 무슨 고민이라도 있으십니까? 안색이 안 좋으십니다."

"경영자는 늘 고민을 안고 살지. 월급 받으면 그만인 직원하고 같을 수야 있나."

무슨 꿍꿍인지 판을 까는 게 평소와 좀 다르다. 않는 소리를 해가며 짐짓 측은한 표정까지 지어 보인다.

"나 팀장도 알겠지만 요즘 경기가 좀 안 좋나? 이번에 나 팀장이 중박 하나 쳐서 그나마 근근이 풀칠은 하겠지만, 그래 봤자 잠깐 쬐고 지나가는 모닥불이라구. 아무래도 안전하게 가려면 정리를…… 좀 해야겠는데 말야……."

사장은 말끝을 흐리면서 은근한 눈빛으로 나상준을 바라보았다. 나상준은 아무 생각 없이 듣고 있다가 정신이 번쩍 났다. 이건 지금 구조조정 얘기 아닌가? 사람을 내치는 게 어디 쉬운 일인가. 아무리 지켜보기 한심한 직원이라도 긴 시간 동고동락하며 한솥밥 먹어온 터에 거리로 내모는 건 차마 할 짓이 아니다. 머릿속 생각이 그의 얼굴에 그늘을 만들었다.

말을 잠시 멈추고 그의 표정을 살피던 사장이 다시 한숨을 푹푹 내쉬며 말을 이었다.

"내가 그 옛날 산업역군으로 활약할 땐 말야. 무조건 실적이 곧 인품이었어. 실적 못 내는 것들은 인품도 없는 쓰레기 취급을 받았지. 아니, 내 새끼 입에 들어갈 것까지 가져가니 도둑놈이라고 할 수 있지. 맞아, 그게 도둑질이 아니면 뭐겠어. 그런 놈들을 솎아내는 것도 능력인데……, 이걸 아무한테나 맡길 수도 없고 말이지. 그래서 이렇게 걱정만 하고 있는 거야."

사장은 갑자기 손을 탁탁 털더니 다른 얘길 한다는 듯 이렇게 말했다.

"그건 그렇고, 크리에이티브본부 장대길 본부장 말이야. 이래저래 실적도 부진하고 해서 다른 데로 보낼 생각이야. 그러면 그 자리가 비는데, 명색이 본부장 자리라 공석으로 오래 놔둘 순 없고……, 이것도 걱정이야. 인사 문제 때문에 내가 요새 골치가 아파요.”

순간 나상준의 귀가 번쩍 뜨였다. 크리에이티브본부라면 나 팀장이 속한 곳이다. 그렇잖아도 장대길 본부장과 그 사이에는 늘 눈에 안 보이는 신경전이 벌어지곤 했다. 효율과 실적을 중시하는 나상준 입장에선 의리와 신의를 중시하는 장 본부장이 답답할 때가 한두 번이 아니었다. 그런데 그가 다른 데로 가게 되다니, 앓던 이가 빠진 것처럼 시원했다. 게다가 그 본부장 자리가 빈다면 아무래도 가장 가능성 있는 사람이 자기 아니겠는가. 아, 내가 이렇게나 쾌속으로 탄탄대로를 달리게 될 줄이야.

나상준의 눈동자가 허공을 향해 빠르게 움직이더니 입가가 살짝 올라갔다. 그걸 확인한 사장은 양손을 부딪쳐 탁탁 소리를 내며 책상을 짚고 일어서려는 제스처를 보였다. 그러자 나상준이 급히 말했다.

“정리는, 언제까지 하면 될까요?”

불타는 금요일 밤, 서울 도심은 휘황찬란한 불빛으로 어지럽다. 늦은 시각 취객들 틈새에서 겨우 택시를 잡아 집으로 돌아가는 길. 나상준은 차창을 내리고 바람을 쐬었다. 내내 옥죄어 있던 가슴을 앞으로 내밀고 심호흡을 해보았다. 차가운 밤바람이 답답함을 조금은 날려주는 듯하다.

이번 주는 유난히 길고 힘들었다. 사장의 오른팔 노릇을 확실히 해낸 한 주였다. 열 명 가까운 직원에게 해고 통지를 한 일 말이다.

"그래, 요즘 회사 다니기 힘들지 않나?"

"아, 아닙니다. 재밌게, 열심히 다니고 있습니다."

이제 막 입사 3년 차에 접어든 직원이 안절부절못하는 모습을 보면서, 나상준은 태연함을 유지하기 위해 무진 애를 써야 했다.

"자네 자기소개서가 상당히 개성적이어서 내가 기억하고 있어."

"감, 감……사합니다. 팀장님."

"끼를 확실히 보여주겠다고 했었지. 그런데 말이야. 그걸 언제쯤이면 볼 수 있는 건가?"

직원은 얼굴이 벌게져 땀만 삐질삐질 흘리고 있었다. 그 애처로운 모습을 보지 않으려고 나상준은 창밖으로 고개를 돌렸다. 그리고 최대한 감정이 실리지 않은 목소리로 말을 이었다.

"회사는 집하고 달라. 부모야 늦된 아이가 있어도 조바심내지 않고 지켜봐 주지만 회사는 그럴 수가 없지. 자네도 이번 기회에 확실히 알아둬. 한 번 정신 바짝 차리면 다른 데에선 속력을 낼 수 있을 거야. 이번 일을 전화위복으로 삼아봐."

"팀장님, 저희 집에서는 제가 가장이나 다름없습니다. 아버지가 작년에 실직하시는 바람에 생활비 나올 곳이 제 월급밖에 없어요. 또 학자금 대출금도 아직 반 이상 남은 데다 당, 당장 다음 달부터……"

"그랬군……. 그럼, 퇴직금 나갈 때 그런 사정이 고려되도록 이야기를 해놓지."

"그, 그게……."

"그만 나가보게."

처음부터 끝까지 동요하지 않아야 한다, 맘이 약해지면 이도 저도 안 된다. 나상준은 마음속으로 수도 없이 되뇌었다.

연차 낮은 직원들을 정리하는 건 그나마 수월했다. 문제는 나이 많은 팀장급이었다. 마치 회사에 뼈를 묻을 것처럼 집과 회사밖에 몰랐던 사람들 말이다.

그들은 나상준보다 많게는 열 살 이상 위였다. 회사를 지금만큼 키우는 데 혁혁한 공을 세운 일등공신들이다. 하지만 다른 한편으로, 경기가 어려운 시점에선 가장 버거운 존재가 그들이기도 했다. 연차가 높은 만큼 연봉도 높았기 때문이다. 허리띠를 졸라맬 때는 그들 대신 연차 낮은 사람을 팀장으로 승진시켜 일을 부리는 게 훨씬 더 효율적이다. 게다가 애송이 팀장들이라면 크리에이티브본부에서 광고를 제작하거나 아이디어를 구체화하는 데도 훨씬 자유롭다. 이건 되네, 저건 안 되네 하면서 참견할 여지가 훨씬 적어지기 때문이다. 그동안 시안 수정이라도 좀 할라치면 재무나 전략 쪽과 엄청난 기싸움을 벌여야 했다. 다들 광고맨으로 출발해서 이 바닥을 빤히 알고 있었기에 호락호락하지 않았고, 그래서 참 고달팠다. 시대가 급변해서 들어맞지 않는 부분도 많은데, 그들은 인정하려 들지 않았다. 그런 일로 서로 예민해질 때마다 나상준은 혼자 속으로 이죽거리곤 했다.

'감각은 다 죽어버린 종이호랑이 주제에 고집만 세서는!'

어쩌면 잘된 일인지도 몰랐다. 물론 그 총대를 멘 게 자신이라는 점이 걸렸지만. 눈 한 번 딱 감고 이번 일만 잘 처리하면 앞으로 일하기가 훨씬 편해질 거다. 쇠뿔도 단김에 빼랬다고 그는 이번 주 내로 모든 일을 처리하기로 마음먹었다. 껄끄럽다는 이유로 시간을 끌어봤자 회사 분위기만 더 싱숭생숭해질 뿐이다.

그래도 선배이므로 대접해주는 차원에서 조용한 일식집을 예약해 따로 만났다.

"아이고, 팀장님. 한잔 받으시지요."

"무슨 일인지 대충 감은 오네만. 저승사자를 자임했다며?"

벌써 머리가 희끗희끗해진 경영전략본부 이태섭 팀장이 가소롭다는 듯 나상준을 쏘아봤다. 순간 심장이 벌렁거렸다. 그걸 들키지 않으려고 나상준은 도리어 호기롭게 이야기했다.

"크하하하하. 자자, 우선 목부터 축이자구요. 성질 급하신 건 알아줘야 한다니까요. 누가 호랑이 아니랄까 봐."

사실 이 팀장은 젊었을 때부터 날카로운 감각을 자랑하던 사람이었다. 지금은 전략본부로 옮겨 현장을 떠나 있긴 하지만, 나상준이 막 입사했던 시절 광고계의 큰 그림을 그를 통해 볼 수 있었을 정도로 종횡무진 활약하던 전천후 크리에이티브 맨이었다. 나상준의 오늘이 있기까지 도움도 많이 받았다. 그런데 그런 분에게 지금 무슨 짓을 하고 있는 거냐. 은혜를 원수로 갚아도 유분수지. 착잡한 심정이었다.

하지만 이제 와서 백기를 들 수는 없는 일. 하루에도 수십 개의 총탄이 날아드는 전쟁터에서 의리보다는 이기심으로 이 자리까지 올랐다. 이번 일만 잘 처리하면 더 멋진 날개를 달 수 있다.

"요새 본부별로 전략회의 주관하느라 바쁘시지요? 정말 어떻게 그 많은 일을 하시는지, 저 같으면 진작 백기 들었을 것 같아요."

그는 영혼 없는 근황을 몇 마디 건넸다. 그러고는 잠깐의 침묵을 두고 마지막 장전된 총알을 발사했다.

"팀장님처럼 컬러가 분명하신 분은 자기 사업을 하시는 게 좋죠. 이제 그럴 때가 된 것 같습니다. 팀장님, 그동안 고생 많으셨습니다."

'휴······. 1년 같은 일주일이었어.'

그는 좌석 등받이에 깊숙이 기댄 채 혼자 중얼거렸다. 본부장이 되어보자고, 사장의 신임을 더 얻어보자고 동료들을 거리로 내쫓았다. 누군가의 눈에서 눈물을 빼면 언젠가 내 눈에서는 피눈물이 흐르는 법이라는 말이 갑자기 떠올랐다. 순간 등줄기에서 식은땀이 솟았다. 어쩌면 그런 날이 진짜 올지도 모른다. 하지만 설령 그런 날이 온다 하더라도 지금 이 순간, 나를 위한 가장 나은 선택을 하는 게 인생 아니겠는가. 또, 이게 어디 나 혼자 좋자고 이러는 건가. 합리화를 해보지만, 헝클어진 머릿속은 그대로였다.

"애들은?"

"잠들었죠. 지금이 몇 신데······."

그의 가방을 받아드는 아내 얼굴도 부석부석하다. 일에 매여 살다 보니 아이들 얼굴 본 지가 언제였는지도 모르겠다. 혼자서 두 아이 치다꺼리를 해야 하는 아내도 힘든 건 마찬가지일 것이다. 그는 옷을 갈아입고 아이들 방으로 살금살금 들어가 보았다.

친구들보다 일찍 결혼한 터라 벌써 초등학생이 된 아들과 딸아이가 있다. 가끔 이렇게 아이들의 잠든 얼굴을 들여다보는데, 이것만으로도 하루의 피로가 싹 가시곤 한다. 그는 두 아이만큼은 좋은 환경에서 돈 걱정 없이 공부할 수 있게 해주고 싶었다. 고등학생이 되면 외국으로 보낼 것이다. 우물 안의 개구리에서 벗어나 세계의 아이들과 자유롭게 경쟁하며 꿈을 키우게 할 것이다. 시대가 달라졌다. 이제는 그 정도는 해야 경쟁력을 갖고 살 수 있다. 아빠인 자신이 목숨 걸고 성공에 매달려야 하는 이유다. 지금 당장 아이들과 놀지 못하는 서운함은 잠시다. 시간이 지나면 아이들도 이런 아빠를 자랑스럽게 생각할 것이다. 그는 두 눈에 사랑을 가득 담아 아이들을 오랫동안 바라보았다.

회사 분위기는 갈수록 흉흉해졌다. 어디든 긴축을 외치는 때라 다른 곳들도 마찬가지일 테지만 광고회사는 특히 더했다. 기업 살림이 어려워지면 당연히 광고비부터 줄이려 드니 제일 먼저 타격을 입는 게 광고회사다. 사장 얼굴에선 갈수록 웃음기가 사라졌고 사장실에서는 툭하면 큰소리가 났다. 직원들도 덩달아 말수가 줄어갔다. 심지어 갓 들어온 신입들조차 발랄한 모습을 보이지 못하고 매사에 몸을 사렸다. 이런 때일수록 튀어봤자 손해라는 걸 월급쟁이들은 본능처럼 알고 있는 것이다.

나상준은 요즘 들어 유난히 귀가 간지러울 때가 많았다. 왜 아니겠는가. 직원들은 회사 안에서는 별다른 내색을 하지 않았지만 술자리에서는 나상준을 안주 삼았다. 부모처럼 믿고 따르던 대선배와 무엇이든 배우고자 열심이던 후배들을 가차 없이 잘라버린, 피도 눈물도 없는 냉혈한이라고 말이다. 하지만 나상준은 이제 더는 생각하지 않기로 마음먹었다. 죄책감도 들고 뒤통수가 신경 쓰이는 건 사실이지만, 혼자 속을 끓인다 해서 돌이킬 수 있는 일도 아니잖은가. '이 또한 지나가리라' 하는 심정으로 그냥 견디는 수밖에.

사장님의 난제를 깔끔하게 해결했으니 곧 보상이 내릴 것이다. 능력 있는 사람에겐 위기가 곧 기회인 법이지. 지금은 저렇게 나를 호환, 마마 보듯 해대지만 본부장만 되면 금세 달라질 거야. 서른아홉 살에 본부장이라니. 업계에서는 모두가 부러워하면서 나에 대한 신화를 만들어내겠지. 동창회 같은 데 가도 다들 부러워 죽을 거야. 아이들도 학교에서 아빠 자랑을 하느라 침이 마르겠지. 흐흐.

그나저나 사장실에서 언제쯤 호출이 올까? 나상준은 먹잇감을 앞에 둔 늑대처럼 침만 꼴깍 삼키고 있었다.

"나 팀장님, 사장님께서 부르십니다."

드디어 비서실에서 연락이 왔다. 나상준은 속으로 쾌재를 불렀다. 절로 터져 나오는 웃음을 참으며 애써 차분한 표정을 지어 보였다. 거울 앞에서 넥타이를 단정히 고쳐 매고 사장실로 향했다.

"사장님, 부르셨습니까?"

"어, 우리 나 팀장. 어서 와요. 내가 용돈 좀 주려고 불렀지."

"용돈이라니요, 아닙니다. 회사도 어려운데."

자리에 앉을 틈도 주지 않고 사장이 마주 걸어왔다.

"껄끄러웠을 텐데 뒤탈 없이 아주 잘해줬어. 덕분에 내 체중이 쑥 내려갔지 뭐야. 회사 재정 상태도 한결 나아질 거네. 이제부터 시작이야. 나 팀장만 믿어요."

사장이 두툼한 봉투를 내밀었다. 넙죽 인사를 하며 봉투를 받아 든 나상준은 다음 말을 기다리며 잠자코 서 있었다. 그리고?

"아차차, 벌써 시간이 이렇게 됐군. 점심 약속이 있는데 말야."

아니, 그런데 사장이 시계를 보는 척하며 서둘러 돌아서는 게 아닌가. 아직 할 말이 남았을 텐데, 왜 마저 안 하시고? 그는 하마터면 사장의 팔을 붙들 뻔했다. 사장은 유난히 부산을 떨며 외출 준비를 서둘렀다. 자기도 모르게 내밀어진 손을 거두면서 나상준은 조용히 물러났다.

"사장님, 그럼 이만 나가보겠습니다."

암만 생각해도 찜찜했다. 장대길 본부장은 영업본부로 발령 난 데 항의하다가 스스로 회사를 떠났다. 본부장 자리가 공석이 된 지 벌써 일주일째다. 설마 봉투가 끝?

어쨌거나 받은 건 받은 거니까. 봉투 안에는 무려 1천만 원이 들어 있었다. 자기도 모르게 해죽 웃음이 지어졌다. 그러다 이내 심각해졌다.

'설마 이걸로 마무리할 셈은 아니겠지? 본부장 임명은 대체 언제 하실 건가? 회사 분위기가 뒤숭숭하니 시간을 좀 둘 셈인가? 나말고 적임자도 없을 텐데.'

촉이 썩 좋질 않은 게 영 찜찜했다. 설마······. 그는 좋지 않은 직감을 날려버리려고 고개를 세게 흔들었다. 평소 촉이 좋다고 자부하긴 했지만, 사실 늘 맞는 건 아니었잖아. 분위기가 뒤숭숭하니 감각이 좀 떨어진 게 분명해. 기분 전환도 할 겸 쇼핑이나 해야겠다.

점심을 먹고 백화점 명품관에 들를 참이었다. 퍼스널 쇼퍼에게 미리 전화를 해두었다. 나상준은 백화점 VIP 고객이었다. 평소에도 전문적인 조언을 들으며 자기에게 어울리는 옷차림과 패션 소품들을 구입해왔다. 특히 PT를 앞두고는 그 제품의 특성을 살릴 수 있도록 시계나 양복까지 맞춰 입는 게 그였다. 옷차림도 전략이라는 광고 카피는 나상준 같은 프로에게 딱 들어맞는 것이었다.

"고객님 나오셨어요?"

"오랜만이야. 그 사이 더 예뻐졌는데?"

"호호, 감사해요."

매장에 가까이 가자 스타일리스트가 기다리고 있다가 벌떡 일어나며 반가이 맞았다.

"내가 곧 본부장이 되거든. 앞으로 출근복부터 조금 더 중후해질 필요가 있을 것 같아."

어라, 이게 아닌데. 그만 허언을 해버렸다.

"어머? 본부장요? 축하드려요. 정말 대단하세요. 아직 삼십대신데. 진짜 소문대로 완전 능력자시네요."

"그게 말야. 나도 부담스러워서 몇 번 완곡히 말씀드렸는데 사장님이 밀어붙이시는 바람에……. 어깨가 무겁네."

거짓말은 원래 처음이 어렵지, 한 번 물꼬를 트면 부풀리는 건 식은 죽 먹기다. 그날의 허세는 돈 쓰기로 이어졌다. 천만 원이 한 시간 만에 우습게 날아갔다.

하이에나의 등장

하지만 나상준은 그날 이후 또 일주일을 그냥 보냈다. 사장 입에서 본부장의 '본' 자도 들을 수 없었기 때문이다. 새 슈트는 옷장 안에 조용히 모셔둘 수밖에 없었다.

'언제 입게 될까? 이러다 날 풀리면 입고 싶어도 못 입을 텐데……'

팀장 이상이 참석하는 주간 회의 시간, 나상준은 새로 산 양복 생각을 하면서 쓴 입맛을 다셨다. 그때였다. 사장이 '본' 자를 꺼낸 건.

"'본' 격적으로 이번 경쟁 PT를 준비하기에 앞서……"

'엇? 에잇, 좋다 말았네.'

"현재 '본' 부장이 공석이라 일하는 데 차질이 좀 있지요?"

'그럼 그렇지! 드디어 올 것이 왔구나!'

나상준은 표정관리가 힘들어 약하게 헛기침을 했다. 주책맞게도 얼굴에 이미 번진 웃음기는 거둘 수가 없었다.

"그래서 이번에 본부장을 새로 스카우트하기로 했습니다."

'뭐……? 이게 아닌데. 스카우트라니, 이 무슨……?'

나상준은 자기 귀를 의심했다. 눈앞에 뿌옇게 안개가 끼는 느낌이었다.

"알다시피 이제 잔챙이로는 힘들어요. 불황이건 호황이건 한결같이 마케팅비를 책정하는 굵직한 곳들을 노려야 하는데, 그러려면 노련한 손이 필요하다 이 얘깁니다. 그래서 내가 그동안 물밑작업을 좀 했어요. 경쟁사에서 이 사람 빼내 오려고 얼마나 고생했는지. 여러분도 알 거야, 승리애드의 박무상 본부장이라고."

아니, 이건 눈 위에 서리가 덮이는 격 아닌가. 하필이면 그 악명 높은 박무상이라니. 회의 참석자들 중 그에게 이를 갈아보지 않은 사람은 아무도 없었다. 여기저기서 수런거리는 소리가 났다.

"노련하지, 음, 노련하고말고. 우리가 밥 다 지어놓으면 갑자기 나타나서 밥상째 낚아채 가던 게 그 작자였으니까. 내 그자를 찢어 죽여도 시원찮다고 말한 걸 여러분도 몇 번 들었을 거예요. 하지만, 흠, 오늘날 비즈니스 세계에서는 어제의 적이 오늘의 동지가 되는 법입니다. 지금 우리에겐 그런 사람이 매우 절실합니다. 내가 개인 감정을 꾹 누르고 삼고초려 끝에 그 사람을 끌어왔어요. 내일부터 출근하기로 했으니, 모두 협조 잘 해주기 바라고……."

이게 바로 청천벽력이 아니고 무엇이더냐. 회사가 곧 망하기라도 할 것처럼 한숨 푹푹 쉬어가며 정리해고를 떠맡긴 게 누군데,

그 일만 해내면 금방이라도 본부장 자리 줄 것처럼 기대 잔뜩 품게 한 게 누군데……. 갑자기 이렇게 뒤통수를 치다니 섭섭하고 억울했다. 사내는 물론 업계에서 나쁜 놈, 죽일 놈, 육시랄 놈이란 욕까지 들어가며 온갖 오물을 뒤집어쓰게 하고 고작 천만 원으로 때우려 하다니. 배신감으로 손이 덜덜 떨렸다. 얼굴이 까맣게 변해 회의실을 나온 나상준은 화장실로 직행했다.

상황 정리를 해야 했다. 변기 뚜껑 위에 앉아 생각에 잠겼다. 박무상이 온다. 올해 마흔다섯 살로 나상준이 업계에서 유일하게 위협을 느끼는 자다. 사장의 말처럼 다 된 밥에 재 뿌리기의 선수, 뒷거래의 고수로 비열하기 이를 데 없는 자였다. 그런데 그런 수작이 너무도 능수능란해서 아무도 손을 쓸 수가 없었다. 인맥도 화려할 뿐 아니라 상대방의 아이디어를 살짝 비틀어 자기 것으로 만드는 데 비상한 재주가 있었다. 남의 약점을 잘 간파해 유리하게 써먹었고, 필요하다면 광고주의 약점도 잡아내 광고를 끊지 못하게 하기도 했다. 그를 두고 업계에선 남의 뼈를 씹어 먹는 하이에나 같은 놈이라고 혀를 내둘렀다.

하지만 사장 말마따나 필요하다면 어제의 적이 오늘의 동지가 되는 게 비즈니스 세계 아니겠는가. 나상준은 이제 갈림길에 섰다. 스카우트해올 만큼 공을 들였으니, 분명히 사장은 그를 아낄 것이다. 그를 쓰러뜨리고 넘버 투 자리를 지켜낼 것인가, 그의 밑에 들어가 넘버 쓰리로 지낼 것인가…….

나상준은 두 주먹을 불끈 쥐었다. 여기까지 어떻게 올라왔는데,

다시 밀릴 순 없다. 기회를 봐서 사장과 그의 사이를 갈라놔야 한다. 박무상의 허점을 잡아야 한다.

"잘 부탁합니다. 박무상 본부장입니다. 어려운 때이지만 이런 때일수록 숨은 능력을 발휘해봅시다. 이후기획의 창창한 미래를 위해 최선을 다하겠습니다."

환영식 자리. 나상준은 똥 씹은 표정으로 박무상을 주시하고 있었다. 박무상도 박무상이지만 그 옆의 노혁재가 더 얄밉다. 이번에 2팀의 새로운 팀장이 된 노혁재는 벌써부터 박무상 옆에 착 달라붙어 손바닥을 비벼대고 있다. 떡하니 버티고 있던 붙박이 팀장을 잘라내고 연차도 모자라는 과장을 파격적으로 승진시켜주었으나, 고맙다는 인사치레 한 번 하지 않은 그였다. 그런 인간이 하이에나에게는 짐승의 썩은 고기가 아니라 자기 몫의 신선한 고기까지 갖다 바칠 모양새로 설설 기고 있는 거다.

"그래? 노혁재 팀장. 몇 학번이라고? 반갑네, 학교 후배였군. 음 그래, 선배가 잘 이끌어줘야지. 선배 좋다는 게 뭐겠어."

"아이고, 하늘 같은 선배님 이야기는 학교에서도 전설이었지용. 사석에서는 선배님이라고 불러도 되겠죵?"

'뭐야? 학교 선후배 사이라고? 저놈이 내 앞에서는 고개를 빳빳이 쳐들고 다니더니, 하이에나 앞에서는 '용' 체를 쓰면서 애교를 부려? 사내놈이 꼴사납게시리. 아오, 저걸 그냥.'

나상준은 박무상과 노혁재를 향해 끓어오르는 분을 삭이며 연거

푸 술잔만 비우고 있었다. 그때 기척도 없이 하이에나가 다가왔다.

"나 팀장, 잘 부탁해요. 지난번 PT 때도 대단했다면서? 소문이 자자해. 앞으로도 대활약 기대하겠어."

"본부장님이야말로 소문 확실히 들었습니다. 그런데 별명이 좀……. 흐흐, 혹시 알고 계신가요?"

배알이 꼬인 나상준이 한껏 비꼰 투로 말했지만, 박무상은 아무렇지 않게 자작을 하며 대꾸했다.

"잘 알고 있지. 남의 뼈를 오도독 씹어 먹는 하이에나. 그러니 당신도 조심해야 할 거야. 난 걸리적거리는 물건은 어떻게든 해치워 버려야 직성이 풀리거든."

"하하하. 본부장님, 왠지 잘 알아 모시라고 경고하시는 것 같습니다?"

"흐흐흐, 무슨. 내 성향이 그러니 앞으로 잘 맞춰보자는 거지."

본부장은 나상준을 응시하며 한쪽 입꼬리가 올라가는 웃음을 흘렸다. 그날 술자리에 있던 사람들의 머릿속에는 불길한 예감 하나가 스쳤다. 둘 중 한 명이 머잖아 다른 한 명의 숨통을 틀어막아 버릴 거라는 것 말이다. 누가 봐도 지금은 여러 면에서 나상준이 열세였다.

풋내기의 역습

박무상 본부장이 부임하면서 많은 것이 달라졌다. 그는 사내 경쟁, 심지어 팀 내 경쟁을 강조했다. 그래야 낙오되지 않으려고 더 열심히 일한다는 주의였다. 물론 지금까지도 그런 논리가 적용되긴 했다. 팀별로 경쟁을 해서 실적이 좋은 팀은 인센티브를 받는 식 말이다. 그런데 박무상이 경쟁시키는 방법은 더 가혹했다.

"실적이 없는 팀은 연말에 연봉 삭감이 있을 겁니다."

팀별 경쟁을 더 살벌하게 부추기는 꼴이었다.

샛별기업의 자동차 애마 시리즈 PT가 코앞으로 다가오고 있었다. 원래는 전체 팀이 힘을 합쳐 작업하기로 되어 있었지만, 박무상은 이것 역시 팀별로 각자 시안을 준비하라고 지시했다.

"아니, 하나의 PT를 두고 왜 사내에서 경쟁을 합니까? 한 개에 올인할 때는 협업을 하는 게 맞지 않습니까? 차라리 각자 다른 PT

를 준비하든가 말이죠. 회사의 사활이 걸린 프로젝트인데 힘을 이런 식으로 분산시키는 건 너무나 비효율적입니다."

나상준이 발끈하자 본부장이 손가락을 딱, 딱 튕기면서 시건방 떨지 말라는 투로 말했다.

"거, 하나만 알고 둘은 모르는 소리지. 그렇게 해야 더 좋은 아이디어가 나오는 거야. 게다가 광고주에게 매우 강렬한 인상을 심어줄 수 있다고. '우리 이후기획은 팀별로 각자 보안을 유지한 채 경쟁 시안을 준비했습니다. 저희도 다른 팀에서 어떤 시안을 준비했는지 이 자리에서 처음으로 알게 됩니다. 그만큼 피 튀기는 긴장 속에서 이번 PT를 준비한 것이지요'라고 소개할 거야. 그럼 광고주 반응이 어떻겠어. 대단하다고 생각하고 더 흥미진진하게 보지 않겠어? 바로 그걸 노리자는 거야. 다 같이 협업해서 A안, B안, C안으로 제시하는 것보다 1팀의 A안, 2팀의 A안, 3팀의 A안 이렇게 가자는 거지."

나상준도 더는 반박할 여지가 없었다. 본부장 말대로 광고주 입장에선 나쁠 게 없었다. 한 회사에서 서로 물고 뜯는 진풍경을 연출하는데 흥미를 가지지 않을 인간이 어디 있겠는가. 물론 본부장의 검은 속내를 눈치 빠른 그가 모를 리 없다. 분명 이 일을 계기로 자신을 궁지로 몰 작정인 게다. 나상준을 밖에서 깨지게 하는 건 곧 회사가 깨지는 일이니, 그것보다는 사내 경쟁에서 무너지게 할 방법을 찾은 게 뻔했다. 나상준은 이를 악물었다.

'어디 두고 보자.'

그렇게 나상준과 노혁재는 같은 광고주의 같은 상품으로 각자 시안을 준비하기로 했다. 서로 보안을 철저히 유지한 채 말이다.

회의를 마친 뒤 박무상 본부장은 회심의 미소를 지으며 노혁재 팀장을 따로 불러냈다.

"이제 막 팀장이 됐다고? 그럼 아직 팀원들한테 입지를 못 굳혔겠네. 이번에 팀장 카리스마를 확실히 보여줘야지?"

"네, 선배님. 그렇지 않아도 기회만 찾고 있었습니다."

"걱정 마. 이번에 전적으로 밀어줄 테니. 생판 모르는 남도 아니고 학교 후배인데 그 정도는 해야 선배 소리 듣지."

노혁재의 손바닥이 저절로 앞으로 모여 마구 비벼지기 시작한다.

"그야말로 구세주이십니다, 선배님."

"말 들어보니 자네 욕심이 상당하더군. 맘에 들어. 그 자세로 이번 PT 잘 준비해봐. 이번 광고주의 특성부터 방향까지 내가 제대로 안내해줄게."

그렇게 두 사람은 작당을 했다. 박무상은 처음부터 나상준을 정리할 참이었다. 그대로 두면 영 성가실 게 뻔하다. 밖에서 온 그였지만, 그는 누구보다 나상준의 현재 상황을 잘 알고 있었다. 사장한테 이용당하고 불편한 심기를 자기한테 드러낸다는 것, 그리고 본부장 자리를 호시탐탐 노리고 있다는 것도 말이다.

마침 기회가 좋았다. 이번 광고주는 그가 속속들이 성향을 파악하고 있는 인물이다. 언론 노출을 극도로 꺼리는 사람이라 그의 캐릭터를 자세히 아는 사람이 많지 않다는 것도 박무상에게 유리한

점이다. 샛별기업의 송 회장, 그는 사업가치고 보기 드물게 점잖은 사람이다. 광고를 제작할 때 CEO의 캐릭터와 잘 맞아야 한다는 건 기본 중의 기본 아니겠는가. 송 회장의 성격상 파격적이거나 과격한 쪽으로 만들면 맘에 들어 하지 않을 것이 분명했다.

이번에 출시한 신차의 특성과 콘셉트는 안전성이다. 운전자의 생명을 가장 중시한 차라는 점을 강조해야 한다. 이것을 보여주는 방향은 크게 두 가지였다. 하나는 아주 고요하게 가는 것, 또 하나는 매우 과격하게 가는 것. 박무상은 나상준이 후자 쪽을 선택해주길 바랐다. 아니, 그렇게 되도록 자신이 유인할 셈이었다.

"이번 PT에서는 시안을 스토리보드뿐 아니라 실제 영상물로 준비해도 좋습니다. 광고주의 의견이죠. 그 안이 선정되기만 한다면 PT를 진행하는 데 든 비용 일체를 광고주가 대기로 했으니까요. 전파를 탈 모습 그대로 리얼하게 보고 싶다는 요청입니다. 결론적으로, 이번에는 비용에 제한이 없다는 것입니다."

박무상은 사장에게 이처럼 보고하여 결재를 받은 후, 각 팀이 모인 자리에서도 똑같이 설명했다. 필요하면 얼마든지 투자를 해라, 실제 방송용에 가까운 영상물을 만들어도 좋다. 하지만 이는 순전히 나상준을 겨냥한 덫이었다. 애초에 광고주는 그런 요청을 한 적이 없었다.

박무상의 머릿속에서는 머지않은 미래가 그려졌다. 분명히 나상준은 그럴듯한 영상을 만들어내겠지. 물론 2팀은 비용이 들지 않는

스토리보드로 준비시킬 예정이다. 그리고 100퍼센트 장담하건대, PT는 노혁재의 2팀이 이길 것이다. 그렇다면 나상준은 제작비를 과도하게 사용한 대가를 치러야 한다. 그렇게 덜컥 큰돈을 써놓고 떨어졌으니 어떻게 그냥 넘어가겠는가.

그런 줄을 꿈에도 모르는 나상준은 정말로 눈에 불을 켜고 기획안을 마련하기 시작했다.

'제작비 제한이 없다고? 좋아, 이참에 파격과 클래스가 뭔지 제대로 보여주겠어!'

그는 광고주의 의도를 파악하기 위해 본부장이 전한 말들을 하나하나 곱씹어봤다.

'전파를 탈 모습 그대로, 리얼하게라……'

애마 시리즈가 얼마나 안전한 차인지를 리얼하게 보고 싶다는 뜻으로 들렸다.

'충돌 장면을 아주 리얼하게 보여주는 것이 관건이겠군. 실제 애마와 대적할 만한 힘 센 차와 부딪히게 한 다음, 그랬을 때 애마가 얼마나 안전한지를 보여주는 거지. 먼저 인터넷에 이 광고를 뿌리면서 화제를 불러일으키고……'

나상준은 막힘없이 빠릿빠릿하게 돌아가는 머리가 스스로도 대견할 지경이었다. 원래 처음 머릿속에 떠오르는 아이디어가 제일 좋다. 그 뒤에 다른 안을 생각해봤자 대개는 처음의 것을 이기지 못한다.

그는 바로 실행에 옮겼다. 사고 현장을 실감 나게 재현하려면 최고의 CG팀이 필요했다. 하지만 팀원들이 선정한 팀은 성에 차지 않았다.

"이봐, CG팀 다시 알아봐. 할리우드 급으로 섭외하란 말이야. 아직도 모르겠어? 사고 장면을 얼마나 실감 나게 보여주느냐에 우리 광고의 성패가 달렸다고."

"바꾸는 건 어렵지 않지만, 그랬다가는 지금 우리 팀이 할당받은 액수의 두세 배가 CG에만 다 들어가게 생겼는데요? 비용이 너무 많이 듭니다."

"답답하구만. 제작비 상한선 없다는 본부장 말, 그새 까먹은 거야? 이번 PT는 돈이 문제가 아니라고 했잖아. 시안을 실제 광고처럼 제작하라는 걸 보면 완성도가 가장 중요하다는 얘기라고!"

나상준은 팀원들을 채근해서 CG팀을 국내 최고 팀으로 바꿨다. 그 비용만 해도 기천만 원이다. 하지만 그는 자신했다.

'내가 누구더냐. 이 몸이 바로 한국의 스티브 잡스라구.'

나상준은 본부장을 만나 진행비를 충분히 사용해도 된다는 점을 재차 확인했다. 그러고는 곧장 자동차 두 대를 리스했고, 사고 현장을 연출했다. 굉음과 함께 충돌 사고가 일어나고, 119 구급차가 달려오는 등 처참한 광경이 펼쳐진다. 현란한 CG 기술로 상대편 차는 박살이 났지만 애마는 살짝 긁힌 정도로 표현된다. 애마에 타고 있던 가족이 모두 차문을 열고 나오면서 서로를 껴안는다. 이때 끔찍한 사고 장면과 대비를 이루는, 여자아이의 귀엽고 맑은 목소리로 내레이션이 깔린다.

"다행히 우리 가족은 아무도 안 다쳤어요. 아빠가 그랬어요, 다 우리 애마 덕분이라고요."

'완벽해!'

나상준은 이번에도 승리를 확신했다. 노혁재 팀이 무슨 시안을 준비하는지는 전혀 알 수가 없었다. 양 팀원들은 약속이나 한 듯 하나같이 입을 꾹 닫았다. 각자의 사활이 걸린 문제이니 감히 누구도 아이디어를 흘리지 못했다.

나상준 팀의 광고 시안을 본 박무상 본부장이 매우 만족스러운 표정을 지었다.

"대단해. 사고 현장을 아주 리얼하게 재현했군그래."

"책상 뺄 각오로 만든 시안이죠."

"기대가 되는군."

그가 검게 웃었다.

"애마 시리즈의 특징은 바로 안전성이죠. 자동차 안전 하면 제일 먼저 뭐가 떠오르십니까? 머릿속에 곧장 떠오르는 것. 열 명 중 아홉 명은 가족과 교통사고라고 이야기했습니다."

이렇게 운을 뗀 후 나상준 팀이 만든 전파 광고가 흘렀다. 교통사고의 처참함을 말 그대로 실감 나게 담은 영상이다. 이를 본 송 회장 얼굴이 순간 일그러졌다. 그는 과격함을 극도로 싫어하는 사람이었다. 박무상은 재빨리 송 회장의 표정을 확인한 후 회심의 미

소를 지었다. 나 팀장은 이제 끝장 난 거다.

이어서 노혁재 팀장이 프로젝터 스크린 앞에 섰다. 그로서는 PT 데뷔 무대라고 할 수 있다. 하지만 본부장을 통해 송 회장의 성향을 익히 들은 터라 만반의 준비를 마치고 이 자리에 설 수 있었다.

시안이 완성된 후부터 그는 틈만 나면 연습을 했다. 그 역시 성공을 향해 달리는 불도저였다. 기회는 자기소개서를 보내지 않는다고 했던가. 나상준만이 아니라 노혁재에게도 위기는 기회였다. 연차가 한참 높은 팀장이 이번 구조조정에서 정리되고 자신이 과장에서 팀장으로 승진했다. 정상적인 절차였다면 몇 년을 더 기다렸어야 했는데, 고맙게도 나상준이 그를 도와준 셈이다. 당연히 처음에는 나상준에게 넙죽 절이라도 하고 그를 상사처럼 모시고 따라야겠다고 생각했다. 그가 곧 본부장이 될 거란 소문도 파다했으니까. 그런데 웬걸, 본부장으로 학교 선배가 부임한단다. 그는 나상준과 새 본부장 사이에서 갈등했다. 그리고 최종적으로, 본부장 줄에 서기로 했다. 짧지 않은 회사생활을 하면서 그가 깨달은 건, 능력만 좋으면 되는 게 아니라는 거였다. 그 능력을 눈여겨보고 끌어줄 사람이 필요하다. 이른바 줄 말이다. 나상준 팀장과 박무상 본부장 중 어느 쪽이 자기에게 유리하며 어느 쪽이 사장과 더 가까울지 한참 머리를 굴린 게 바로 그 때문이다. 그 결과 회사 선배이자 상사였던 나상준과는 라이벌 관계가 되고 말았다.

그는 이번 PT에서 경쟁자인 나상준을 반드시 밟고 올라서야 했다. 본부장이 적절한 팁도 주었으니, 광고주들의 시선을 휘어잡을 카리스마를 보여주기만 하면 된다. 그는 입에 칼을 물고 맹훈련을 했다. 연습하는 모습을 촬영해 되돌려 보면서 부족한 부분을 교정했다.

'이 부분에서 호흡이 너무 빠른걸? 잠깐 호흡을 늦추고 광고주들과 눈을 맞춘 후 슬라이드를 넘겨야겠다.'

목소리를 부드럽게 하려고 수시로 날계란도 까먹었다. '기적은 준비된 자에게 신이 주는 선물'이란 명언을 적어 책상 앞에 붙여두기도 했다. 반복해서 연습해도 잘 풀리지 않는 구간이 있었는데, 그때는 이렇게 중얼거렸다. '승리는 가장 끈기 있는 자에게 돌아간다.'

그리고 드디어 결전의 순간이 왔다. 너무 많이 연습해서 이제는 모든 호흡을 초 단위로 조절할 수 있을 정도다. 콘셉트는 당연히 고요함이다. 그의 목소리는 마치 배경음악이나 되는 것처럼 차분하게 젖어들었다.

"회장님, 깨셨습니까? 죄송합니다. 사고가 좀 있었습니다."
운전기사가 뒷좌석을 돌아보며 회장에게 사과를 한다.
회장이 몸을 앞으로 숙이며 앞유리로 바깥 상황을 살핀다.
"음, 늦겠네. 어서 가지."

대형 사고가 났지만 잠들었던 회장이 잠깐 깬 것뿐이다. 상대편

차의 상황은 소리로만 처리했다. 애마 시리즈의 실내에서는 여전히 고요한 클래식 선율이 흐른다.

시안에서 끔찍함은 없었다. 이는 나상준 팀의 광고를 더 끔찍한 것으로 만들었고, 노혁재는 첫 테이프를 훌륭하게 끊었다.

THYMOS

CHAPTER 2
실종된 티모스

열정을 상실한 사람은
노인과 같다.

헨리 데이비드 소로

끈 떨어진 연

"회사도 어려운 판에 이거 정말 큰일 아닙니까? 나 팀장이 시안 준비한단 핑계로 펑펑 쓴 돈이 말도 안 되게 어마어마합니다. 그렇게 해서 좋은 결과나 냈다면 또 봐줄 만하지요. 하지만 사장님도 보셨다시피 광고주가 완전 질겁하지 않았습니까? 노 팀장 아이디어까지 싸잡아 내쳤으면 어쩔 뻔했나요. 정말 지금 생각해도 이렇게 진땀이 다 납니다."

사장과 마주앉은 박 본부장은 손짓 발짓을 동원해가며 나상준을 성토하다가 마지막엔 이마의 땀을 닦는 시늉까지 했다. 사장도 심기가 매우 불편했다. 샛별그룹의 광고를 따온 기쁨과는 별개로 나 팀장이 까먹은 생돈이 아까워 혈압이 올랐다. 나상준이 비용 발생 보고서를 올릴 때마다 척척 결재를 해준 장본인이 자신들임에도, 그 둘이 앉아서 이러고 있는 거다.

"이 일을 그냥 넘어가면 기강이 무너질 걸 생각하셔야 합니다. 책임지는 모습을 확실히 보여야 다른 직원들도 배우지 않겠습니까? 회삿돈은 공돈이 아니라는 생각을 심어줘야 합니다, 사장님."

"그건 박 본부장한테 일임하지. 나는 관여 안 할 테니 당신이 알아서 처리해. 대신, 약속한 실적만 내 눈앞에 보여주면 돼."

"걱정 붙들어 매십시오. 각 팀이 더 긴장감을 갖고 실적을 낼 수 있도록 제가 팀 편성을 효율적으로 바꿔보겠습니다."

박 본부장은 사장실을 나서며 콧노래를 흥얼거렸다. 자기가 생각해도 빼어난 연기였다.

자리로 돌아온 그는 곧장 나상준을 불렀다.

"나 팀장, 이번 일에 책임을 느끼고는 있겠지? 책상 뺄 각오를 하고 만들었다고 하지 않았나? 이제 와서 책상이 아니라 발을 뺄 생각은 아니겠지?"

대답 대신 나상준은 아랫입술을 꽉 깨물었다. 제작비에 제한이 없다고 부추긴 게 누구였던가. 하기야 그건 선정이 됐을 때를 전제로 한 것이니, 결과적으로 나상준은 할 말이 없는 게 사실이다.

"하지만 내가 어떻게 나 팀장 책상을 빼겠나. 스티브 잡스가 사라지면 우리 이후기획은 어떡하라고. 안 그래, 나 팀장?"

목소리에서도 기름기가 느껴질 수 있다는 걸 나상준은 처음 알았다. 박무상은 승자로서 아량을 베풀겠다는, 그야말로 알량한 배려로 나상준에게 일격을 가했다.

"그래도 다른 팀원들에게 책임지는 모습은 보여주는 게 옳겠지?

기강을 세우려면 말이야. 1팀장은 이제 노혁재가 맡을 거야. 정확히 말하면 1·2팀 통합 팀장이지. 3팀은 변동 없고. 음……, 그리고 4팀을 꾸릴 참이야. 당신이 4팀을 맡는 거지. 이달 중으로 인사 배치 마칠 예정이니까 인사팀에 가서 누구누구가 당신 팀원인지 한번 확인해보라고. 아, 팀원을 다른 팀에서 한두 명 정도 보강하는 건 허락하지. 그럼 4팀장, 하반기 실적 기대하고 있겠어."

4팀이라니? 이후기획의 크리에이티브본부는 3팀까지 있었다. 이는 나상준이 입사한 이래 한 번도 변동이 없었고, 그전에도 오래도록 그래 왔다고 들었다. 그중 1팀이 부동의 에이스 팀이었고, 임원급 아래에서 가장 잘나가는 사람이 그 팀장이었다. 그러니 조금만 생각해도 박무상이 어떤 그림을 그리고 있는지 눈에 빤히 보인다. 4팀이란 보나 마나 잘리기 일보 직전인 친구들만 모아둔 좌천 팀일 것이다. 쭉정이들 데려다가 아등바등해봤자 안 될 게 뻔하다, 눈치 없이 하반기 다 채우지 말고 알아서 짐들 싸! 그런 뜻이 아니고 뭐겠는가.

살면서 이런 굴욕을 당해보긴 실로 처음이다. 풋내기 노혁재와 하이에나 본부장에게 보기 좋게 한 방 먹은 것이다.

불면의 밤

태어나서 지금까지 마음먹은 것은 반드시 이뤄낸 나상준이었다. 그리고 이뤄낸 것을 내가 흥미를 잃어서 버리면 버렸지, 힘에 밀려 빼앗긴 적은 한 번도 없었다. 인생에 없던, 생각조차 해본 적 없던 단 하나의 오점, 좌천.

나상준은 억울하고 분해서 밤마다 잠이 오질 않았다. 자려고 눈을 감으면 그를 분노케 한 상황들이 머릿속에서 생생하게 재현되면서 관자놀이가 팔딱팔딱 뛰었다. 생각 말아야지 할수록 더욱 생각나는 게, 미치고 환장할 노릇이었다. 처음에는 그 이인조에게 한 방 먹은 것이 분했지만, 이제는 내 맘이 내 맘대로 안 되는 게 더 화를 돋웠다. 그렇게 분노 속으로 빨려들수록 속에서 천불이 나 누워 있기조차 힘들었다. 그래서 벌떡 일어나 냉수를 벌컥벌컥 들이켜곤 했는데, 그러면 잠은 더더욱 멀리 달아나고 말았다.

일주일 동안이나 잠을 못 잤더니, 신경이 송곳처럼 예민해졌다. 맹렬한 활화산이나 되는 것처럼 조금만 건드려도 용암을 뿜어낼 기세였다. 자기 안에 무시무시한 짐승이 살고 있는 것 같기도 했다.

'잠을 자야 해, 잠을. 양 한 마리, 양 두 마리……'

베개에 머리를 깊이 파묻고 안간힘을 다해 양을 세던 나상준. 그런데 어느 순간 양이 하이에나로 변했다. 그 순간 또 욱하고 분노가 치솟아 자기도 모르게 벽에 주먹질을 하고 말았다.

"어머, 깜짝이야. 여보, 왜 그래, 응? 에구머니, 피!"

자다가 놀라서 깬 아내가 그의 주먹에서 피가 철철 흐르는 걸 보고 혼비백산했다. 약상자를 가지러 벌떡 일어나다가 허둥대는 바람에 방바닥에 철퍼덕 소리를 내며 넘어졌다. 그 모습에서도 짜증이 확 밀려왔다.

"아, 됐어! 누가 약 발라달래? 자다 깨서 혼자 몸개그 하는 거야 뭐야. 그냥 잠이나 자!"

문짝이 부서지라 쾅 소리를 내며 방을 나왔다. 다친 데는 없는지 부리나케 살펴도 모자랄 판에 아내한테 화까지 버럭 낸 것이다. 따지고 보면 자기 때문에 곤한 잠에서 깼고, 자기 때문에 넘어진 건데 말이다.

이건 도무지 예전의 자기가 아니다. 딴 녀석이 들어와 있는 게 분명하다. 그는 비틀거리며 주방으로 가서 보드카를 잔에 따랐다. 토닉워터를 부은 후 안주도 없이 단숨에 들이켰다. 불덩이처럼 뜨거운 알코올이 목울대를 건드리고 내려가 식도를 태우는가 싶더니 위벽을 할퀴었다. 속이 시커멓게 탄다는 게 이런 건가 싶다. 식탁이 꺼질 만큼 한숨을 푹 쉬면서 나상준은 또 한 번 잔을 채웠다. 어떻게 달려온 인생인데, 좌천이라니……

나상준이 초등학교 3학년이었을 때, 아버지가 보증을 잘못 서는 바람에 빚더미에 앉았다. 그 일 때문에 아버지는 혈압으로 쓰러져 급히 병원으로 옮겨졌으나 수술을 받던 중 돌아가셨다. 작은 상가 하나를 꾸려가며 내세울 건 없어도 모자랄 것 없이 살던 가족은 그때부터 풍파에 휘둘렸다. 젊은 나이에 생과부가 된 어머니는 남편 잃은 슬픔을 추스릴 틈도 없이 시장에서 찬거리를 팔며 어린 아들을 키워야 했다.

다부진 입매, 부리부리한 눈, 까무잡잡하지만 깨끗한 피부를 가지고 태어난 나상준은 누가 봐도 딱 부잣집 외아들 상이었다. 능력 좋은 부모 밑에서 과외선생 두고 공부하여 명문대에 입학하는, 전형적인 상류층 자제 코스를 밟았을 것으로 보인다. 하지만 실상은 그와 정반대였다. 급식비 낼 돈이 없어 학교 가기 싫은 날이 태반이었고, 남들 다 다니던 학원도 칠판닦이를 하는 조건으로 어렵게 다녔다. 남의 집 단칸방에서 살며 겪어야 했던 설움은 말해 무엇하리. 어머니가 집주인에게 모진 소리를 들으면서도 말대꾸 한 번 못 하고 머리를 조아릴 때마다 그의 머릿속에는 딱 한 가지 생각밖에 없었다. '신.분.상.승.'

가난한 집 자식이 신분 상승을 할 수 있는 길은 오직 공부뿐이었다. 그는 그야말로 무식하고 독하게 공부했다. 잠이 올 때면 한겨울에도 얼음이 담긴 세숫대야에 발을 담가 잠을 쫓았다. '지금 잠을 자면 꿈을 꾸지만, 지금 공부하면 꿈을 이룬다.' 그의 책상 앞에는 이런 문구가 다닥다닥 붙어 있었다. 고2 여름방학 때는 왼쪽 눈에 다래끼가 심하게 나서 눈이 퉁퉁 붓고 토끼눈처럼 충혈이 되었다. 안과의사는 무리하면 시력이 떨어질 수 있으니 며칠간은 눈을 쉬어주어야 한다고 했다. 하지만 그럴 여유가 없었다. 아버지가 예전에 쓰던 싸구려 선글라스를 끼고 밤늦게까지 책을 팠다. 그 바람에 시력이 뚝 떨어져 아직도 왼쪽 눈이 오른쪽에 비해 시력이 좋지 않다. 흥분하면 유난히 왼쪽 눈썹이 씰룩대는 것도 다 그 이유다.

그렇게 그는 대한민국 최고의 명문인 한국대학에 입학했고 그 후로 조금씩 숨통이 트이기 시작했다. 장학생이어서 학비가 들지 않았고, 그것을 간판 삼아 좋은 과외 자리도 얻었다. 어머니께 생활비도 드릴 수 있었다.

졸업과 동시에 이후기획에 최고 점수를 받고 입사했다. 학점과 토익은 학교 때 철저히 관리해두었고, 면접 점수까지 만점에 가까웠다. 호감 가는 그의 외모뿐 아니라 돋보이는 자신감과 수려한 말솜씨로 면접관들의 마음을 단박에 사로잡았다. 광고주들도 그를 맘에 들어 했다. 나상준에게는 상대의 마음을 사로잡는 묘한 매력이 있었다.

사람들은 그의 능력을 보고, "타고났네, 타고났어"라며 부러워했다. 하지만 그런 말을 들을 때마다 그는 씁쓸했다. 타고난 게 아니라, 어릴 때부터 눈치를 보며 사느라 생긴 후천적 능력이었기 때문이다.

눈치 보며 살 일이 많으면 눈치가 빨라진다. 치맛바람 센 엄마들이 학교에 온 날엔 값비싼 향수와 분내가 났다. 하지만 나상준의 엄마에겐 늘 반찬냄새와 생활의 고단한 냄새가 났다. 엄마에겐 향수도 핑크빛 분도 없었다. 여름날의 시장 바닥에서도 엄마는 얼굴에 로션조차 바르지 못한 채 땡볕을 그대로 받았다. 눈부신 햇살 아래 엄마의 거뭇한 기미는 슬프게도 더 도드라졌다. 엄마는 그렇게 콩나물값 몇백 원을 더 깎으려는 손님과 더는 못 깎아준다고 실랑이를 벌이며 하루를 치러냈다. 강도보다 택시비가 더 무섭다며 외진 밤길도 씩씩하게 걸어오시던 엄마는, 여자보다는 차라리 무사에 가까웠다. 지독하게 시비를 걸어오는 얄궂은 인생과 맞짱 뜨기로 한 무사 말이다.

무사 엄마는 학교에 올 시간도 없었을뿐더러, 담임 선생님 옆구리에 살짝 찔러줄 봉투도 없었다. 그는 친구들의 엄마가 학교에 들른 날은 담임 선생님 얼굴이 유난히 밝아진다는 걸 알았다. 그때부터였다. 나상준이 선생님의 눈치를 살피기 시작한 것은.

중학교 때, 반에서 5등 이내이거나 학급 간부 중에서 엄마가 학교에 방문하지 않는 아이는 나상준밖에 없었다. 그런 그가 담임 눈밖에 나지 않기 위해 할 수 있는 일이 두 가지 있었다. 교무실의 담임 책상을 번쩍번쩍 광이 나게 닦는 일과 수업 시간에 눈을 반짝거리며 똘똘한 질문을 하는 일이었다. 질문을 할 때에도 요령이 있었다. 정말 모르겠다는 순진한 표정을 짓고 있다가 선생님이 정답을 알려주면 고개를 심하다 싶게 끄덕이면서 생글거리는 것이다. 때로는 알면서도 모르는 척 질문을 하기도 했다. 물론 종 치기 전에 답을 들을 수 있도록 시간 조절을 잘 해야 한다. 쉬는 시간까지 수업하는 건 학생만이 아니라 선생님들도 싫어한다. 종 치기 일보 직전에 질문하는 건 눈치 없는 애들이나 하는 짓이다.

그는 선생님들의 유형도 기가 막히게 파악했다.

'영어 선생님은 자기보다 발음이 좋은 학생을 경계하니까 발음을 어눌하게 하면서 질문하는 게 포인트. 국어 선생님은 인사 잘하는 걸 매우 중요하게 생각하니까 복도에서 마주치면 꼭 두 손을 공손하게 모으고 인사해야 함.'

그렇게 그는 다른 사람의 기분을 파악하는 능력을 스스로 길러 왔다. 가난한 집 자식이 살아남는 비법이었다.

'우울했던 청소년 나상준을 위해 건배.'

그는 혼자서 잔을 들더니 실실 웃음을 흘렸다. 자신을 향한 동정과 조소가 뒤섞이니 자기도 모르게 이상한 웃음이 난 거다. 곧이어 그렇게 아등바등 살아온 결과가 결국 좌천이란 생각에 이르자 코끝이 시큰해졌다. 성공의 탄탄대로를 달리고 있다고 믿었다. 누구에게도 밀려나지 않을 자신이 있었고, 사장의 신뢰를 확신했다. 조만간 최연소 본부장이 되어 등짝에 날개를 달 줄 알았다. 사랑하는 두 아이는 잘나가는 아빠 덕분에 부족함이 뭔지 모르고 자랄 것이었다. 그런데 화려한 날개는커녕, 두 달 전 자신이 몰인정하게 휘둘렀던 정리해고의 칼날 앞에 세워지고 말았다. 실컷 이용만 당하다 버려진 것이다.

'결국 나도 회사의 부속품밖에 안 되는 거였어.'

그는 식탁 위로 쓰러지며 잠꼬대처럼 중얼거렸다. 아무도 없는 어두운 주방에서 그의 눈물이 반짝 빛나다 스러졌다.

"여보, 일어나요."

아내가 흔들어 깨웠다. 정신을 차리고 시계를 보니 아침 7시, 평소보다 한 시간이나 늦었다. 어쨌든 독주의 힘을 빌려 잠을 자긴 잔 거다. 하지만 머리가 깨질 듯 아픈 게 잠을 자지 않은 것만 못하다. 속은 마치 핏물이 역류하는 것처럼 쓰리디쓰리다.

"술을 그렇게 마시고 빈속으로 가면 어떡해. 국물이라도 마셔요."

"늦었잖아. 그러게 좀 일찍 깨우지 않고선!"

속이 확 풀릴 국물이 간절했지만 대번에 말이 그렇게 나갔다. 모처럼 잠이 든 그를 깨우기가 아내도 무척 힘들었을 거다. 아마도 한 시간 정도를 혼자 망설이다 더 늦으면 안 될 것 같아 깨웠을 것이다. 그걸 아는데도 왜 자꾸 아내에게 화를 내게 되는 걸까? 아내가 무슨 잘못이 있다고.

'아, 미안해 죽겠네.'

그렇지만 누구에게라도 속에 든 화를 분출하지 않으면 폭발할 것만 같다. 화를 받아줄 사람이 아내 말고 또 누가 있으랴.

닥터 티모스

"나 팀장, 내가 뭐 도와줄 건 없나? 벌써 책상을 깨끗하게 치운 걸 보니 마음도 비운 건가?"

박 본부장이 지나가다 그의 어깨를 툭 치며 농담을 건넨다. 예전 같으면 능글거리며 농담을 받아넘겼을 텐데, 이제는 아무 말도 하고 싶지 않아졌다. 갑자기 바닥으로 쑥 꺼지는 것 같았다. 온몸에 맥이 탁 풀리면서 만사가 귀찮아졌다. 아내에겐 그렇게 소리를 버럭버럭 지르는데, 회사에선 왜 이리도 무기력하단 말인가.

그는 전원도 켜지 않은 노트북 화면을 멍하니 바라보았다.

"팀장님, 전화 안 받으십니까?"

가까운 자리의 직원이 책상 끝에 겨우 걸쳐 있는 휴대폰을 가리키며 말했다. 지진이라도 난 듯 진동하며 휴대폰이 책상 위를 헤집고 다니는데도 알아채지 못한 것이다. 전화는 이미 끊겨 있었고,

그는 문득 겁이 났다. 내가 왜 이러지?

점심시간, 입맛이 없어서 회사 근처를 어슬렁거리던 나상준은 우연히 회사 건물을 올려다보았다. 3층에 '티모스 정신건강의학과'라는 간판이 걸려 있었다. 1년 전쯤 한 회사가 부도가 나서 소란스러운 일이 있었는데, 그 자리에 새롭게 들어섰나 보다. 정신건강의학과라니, 그는 코웃음을 쳤다. 자기 마음 하나 통제하지 못하는 나약하고 못난 사람들을 상대로 돈벌이를 하는 곳 아니냐 말이다. 내 마음은 내 의지가 관할하는 건데, 누구한테 상담을 받는다는 거야? 그게 바로 나약하다는 걸 제대로 보여주는 거지.

다시 발걸음을 떼다가 그는 문득 생각했다. 혹시 저기서 울화병에 잘 드는 약 같은 걸 구할 순 없을까? 사실 지금은 나약하네, 아니네 따질 처지가 못 된다. 누군가의 도움이 절실히 필요하다. 이러다간 정말 정신이 어떻게 되어버릴 것만 같다. '정신 나간 놈'이란 표현 그대로, 지금 그를 지탱해주던 정신이 어디론가 달아나버렸다. 내가 무슨 짓을 저지를지 나도 모르겠다. 그래도 전문가일 텐데 한번 매달려나 볼까?

나상준은 그야말로 지푸라기라도 잡는 심정으로 병원 문을 밀고 들어섰다.

정면에는 커다란 글씨로 이렇게 쓰여 있었다.

'티모스 정신건강의학과

유인정 원장, 동기부여 전문의'

그런 복잡한 심경으로 찾아온 그에게 원장은 티모스 위축증이라는 말을 툭 던진 것이다.

"티모스란 가슴샘을 가리키는 말이야. 흉선(胸腺)이라고도 해. 20그램에서 37그램 정도 되지. 혹시 백리향이라고 알아? 향이 백리까지 퍼진다고 해서 그런 이름이 붙었다잖아. 타임이라는 허브로도 알려져 있고 말야. 가슴샘이 그 잎사귀랑 비슷하게 생겼어."

나상준은 몹시 수다스럽게 설명을 하고 있는 원장이라는 사람을 그저 가만히 바라보고만 있다. 티모스 어쩌고 하는데 당최 무슨 말인지 모르겠고, 알고 싶지도 않다. 그저 이 지독한 불면증을 저 사람이 어떻게 해줄 수 있겠는지 머릿속으로 따져보는 중이다.

그러고 보니 저 수다쟁이 원장과 생판 초면은 아닌 것 같다. 나상준은 가끔 계단에서 창밖을 보며 혼자 커피를 마시곤 했는데 거기서 봤다. 한 층을 오르내리더라도 대부분이 엘리베이터를 이용하지 계단으로 가는 사람은 없는 터라 한갓져서 좋은 곳이다. 그런데 아주 가끔 의사가운을 입은 중년 남자가 짧은 다리를 휙휙거리면서 계단을 오르내리곤 했다. 바로 그 사람이다. 자기 딴엔 운동을 하는 모양인데 그 모습이 어찌나 우스꽝스러운지 속으로 키득거리곤 했다. 좀 과묵해야 믿음이 갈 텐데 저래서야 어디 환자한테 신뢰를 줄 수 있을까 싶었다.

사실 며칠 전에도 마주친 적이 있다. 몸과 마음이 만신창이가 된 그가 축 처진 두 다리를 힘겹게 이끌며 계단을 오르고 있는데, 딱 꺾어지는 코너에 그가 있었다. 이번엔 쪼그려 앉았다 일어섰다 하면서 스쿼트 운동을 하고 있었다.

"스물하나, 두울……, 어? 그 긴 다리로 계단을 겨우 한 칸씩밖에 못 올라? 내가 그 다리였으면 한 번에 세 칸씩은 뛸 텐데. 아, 난 다 좋은데 다리가 좀 짧은 게 흠이란 말야."

구슬땀을 흘리던 그가 나상준을 보더니 살갑게 말을 걸었다. 말대꾸조차 하기가 귀찮아서 나상준은 그냥 눈길만 잠깐 주고 가던 길을 가버렸다.

아니, 날 언제부터 알았다고 반말이야? 그나저나 스쿼트만 하기도 힘들 텐데 저 나이에 저렇게 말을 쏟아내면서 동작을 가뿐하게 해내다니 체력이 대단한걸? 저 사람, 겉보기는 저래도 속은 뭔가 있는 거 아냐? 자기도 모르게 그런 생각을 하다가 나상준은 피식 웃고 말았다. 에이, 설마…….

원장은 이제 나상준의 얼굴을 그윽하게 바라보면서 말을 이었다.

"잠도 통 못 자고, 아무것도 하기 싫어 멍 때리기 일쑤고, 그러다가 갑자기 속이 부글부글 끓고, 왜 사나 싶고, 그것 때문에 날 찾아온 거지? 응응?"

한마디 한마디 가볍기 이를 데 없었지만, 이상하게도 그 말들이 가슴을 콕콕 찌르며 안으로 들어왔다. 어디 가서 솔직하게 '나 이런 상태요'라고 말할 수 없었기에, 사정을 정확히 알아주는 사람을 만나서 그런 건지도 몰랐다. 더욱이 권위 같은 거라곤 눈 씻고 찾을래도 없는 사람이어서 더 쉽게 마음이 열리는 것 같기도 했다.

나상준은 처음에는 쭈뼛거리면서, 그러다가 봇물 터지듯 그간의 상황을 늘어놓았다. 승승장구하다가 좌천되어버린 억울한 사연과 미치고 팔짝 뛸 것 같은 속마음을 말이다.

"그래그래. 그 오도독의 맞수가 되는 게 보통 일은 아니지."

"오도독이요?"

"하이에나 말이야. 새로 온 본부장."

"에? 그 사람도 여길 왔었어요?"

"아니. 언젠가 올지 모르지만 아직은 안 왔어. 내가 여기 자리 잡은 지 1년 다 되어가는데 이웃집 돌아가는 사정을 모를라구? 나도 다 귀가 뚫려 있거든."

어쩐지 이야길 금방금방 알아듣더라. 아무튼, 원장이 박무상을 '오도독'이라고 부르자 왠지 같은 편이 된 것 같은 기분이 들었다.

"당신이 지금 겪는 건 한창 잘나가고 있었는데 갑자기 나락으로 떨어져서 나타나는 증세들이야. 원래가 지기 싫어하는 성향이 강해서 우울증과 화병이 같이 온 거지. 울화증이야, 울화증."

"나을 수 있겠죠? 요즘 진짜 사는 게 사는 게 아닙니다. 지옥이 있다면 여기, 바로 제 안에……."

그는 지옥이란 말을 하며 자기 가슴을 탕탕 쳤다.

"약을 줄 수는 있지. 잠도 잘 오고 맘도 편하게 해줄 수 있는 신경안정제. 실제로 내가 먹어봤는데 잘 듣더라구. 일단 푹 자야 전투력이 다시 살아나니까 그 방법도 괜찮긴 해. 근데에, 더 근본적으로 해결해볼 생각은 없는 거야?"

나상준은 또 눈만 멀뚱거렸다.

"요즘 경기도 안 좋은데 사표 써봤자 나만 손해 아니야? 그 떨거지 팀 말이야, 아, 미안미안, 4팀. 잘 이끌어서 다시 날아오를 방법을 찾는 게 낫지 않겠어?"

"그래야겠죠? 맞아요. 그 하이에나를 내몰아내고 제자리를 다시 찾을 겁니다!"

그 한마디를 하는데 갑자기 눈물이 후두둑 떨어졌다. 나상준은 자신도 깜짝 놀랐다. 너무 억울하고 분하면 눈물이 나는 걸까? 가득한 물을 힘겹게 지탱하고 있던 둑이 더는 견디지 못하고 터져버린 듯, 눈물이 멈추지 않았다. 돌아가신 어머니를 제외하곤 남 앞에서 한 번도 눈물을 보인 적이 없는데 말이다.

"아, 진짜……. 내가 왜 이러지."

나상준이 고개를 돌리면서 중얼거렸다. 아, 정말 위신 안 서네.

"아니야, 울고 싶을 땐 울어야 해. 눈물로 나쁜 감정들이 배출되거든. 훨씬 시원하고 편안해질 거야."

정말 그랬다. 그렇게 나상준은 잠시 마음을 추스르며 가만히 있었다.

"그런데 말야. 예전 같은 방식으로 일이 잘 풀릴까? 당신, 상당히 독불장군이잖아."

조금 후, 유 원장이 말문을 열었는데 정곡을 찌르는 것이었다. 이 사람, 대놓고 독설을 막 날리네.

"먼저 당신이 바뀌어야 해. 지금 시대가 어느 때냐구. 상명하복식 리더십은 이제 택도 없는 얘기지. 칭찬하고 다독여가면서 일을 해나가야지, 안 그러면 올해 가기 전에 보따리 싸야 할걸?'

"아니, 원장님. 왜 초 치는 말씀부터 하세요!"

퇴근길, 나상준은 차를 몰아 한강으로 갔다. 요 며칠 복잡했던 머리가 조금은 정리되는 느낌이었다. 단지 누군가에게 속내를 털어놓았을 뿐인데, 그것만으로도 이렇게 홀가분해지다니 참 놀라운 일이다.

하긴 지금껏 살면서 누군가에게 진짜 속마음을 털어놓은 적이 몇 번이나 있었을까. 남자란 본디 입이 무거워야 한다고 배웠고, 괜히 힘든 내색을 하는 건 약점을 잡히는 일 같아서 싫었다. 친구들과 편하게 술잔을 기울이는 자리에서도 머릿속은 늘 바쁘게 굴러갔다. 자신을 돋보이게 할 수 있는 그럴듯한 말들을 골라내기 위해서 말이다. 하지만 돌아오는 차 안에선 왠지 모르게 마음이 헛헛해지곤 했다. 그럴 때마다 '왜 이래, 유치하게' 하며 그런 감정들을 내몰아버렸다. 그나마 제일 의지가 되는 건 아내였던 것 같다. 약한 모습, 흐트러진 모습을 보여도 아내는 늘 믿고 응원해주었다. 그렇지만 늘 그럴 수는 없었다. 괜히 걱정을 끼치기 싫다.

어머니와 단둘이 살면서 이미 감정을 누르는 데 익숙해진 그였다. 아무리 힘들어도 어머니만 할까. 젊은 나이에 과부가 되어 혼자 힘으로 아들을 키우는 어머니에 비하면 자신의 감정은 그저 응석에 불과하다는 걸 너무나 잘 알았다.

그런데 꾹꾹 누르기만 했던 감정을 풀어 헤치자 이렇게 후련해지다니. 유 원장이란 사람에게 생각지도 않았던 위로를 받았다. 그래서 휴 엘리어트가 '모든 사람은 자신의 이야기를 들어줄 누군가를 원한다'고 했던 거군.

그래, 살면서 누구나 여러 번 바닥을 친다고 하지 않던가. 이것이 아버지가 돌아가신 이후 인생에서 처음으로 찾아온 바닥이니, 이 정도라면 오히려 감사할 일 아닌가. 돈도 잃고 건강도 잃어 젊은 나이에 스러지는 친구들도 있는데, 그에 비하면 충분히 치고 올라갈 만한 시련이다. 그렇게 그는 스스로에게 위로를 건넸다.

그런데 문제는 바뀌어야 산다고 한 유 원장의 말이었다. 나상준은 이제껏 독불장군으로 살아왔다. 협력이란, 능력이 부족한 사람들이 조금이라도 더 나은 결과를 내기 위해 그만그만한 머리를 맞대는 것이라고 치부했다. 머리 나쁜 여러 사람의 아이디어보다 자기처럼 탁월한 한 사람의 기발한 생각이 훨씬 더 나은 거라고 믿어왔다. 팀 내에서 아이디어를 내는 사람은 항상 그였고, 팀원들은 그가 시키는 일들을 하는 보조자쯤으로 여겼다. 그는 그렇게 하는 게 효율이라고 생각했다. 유 원장이 콕 찍어 말했듯이 상명하복식 리더였던 거다.

"협력을 이끌어내는 게 바로 리더의 능력이야. 혼자만 나대는 건 시효가 짧지. 지금 당신을 따르는 사람이 몇 명이나 돼? 아마 아무도 없을걸?"

유 원장의 말이 떠올라 가슴이 뜨끔했다.

"그런 사람들과 어떻게 성과를 낼 거냐구. 또, 그게 전부라면 차라리 다행이게? 계속 그렇게 살면 말년에 외로워져. 옆에 사람이 없거든. 그게 진짜 가난한 거지. '가장 끔찍한 빈곤은 외로움과 사랑받지 못한다는 느낌이다'라는 말, 못 들어봤어?"

예전 같으면 귓등으로도 안 들었겠지만, 혼자가 되어보니 그 말이 절절하게 다가왔다. 무엇보다 사람의 온기가 그리웠다. 회사 문을 들어서는 순간부터 자신은 철저히 혼자다. 아무도 자기를 좋아하지 않는다. 사장의 신임도 잃었고, 팀원들은 슬슬 피하기만 한다. 아랫사람을 무시하고 윗사람에게는 설설 긴 결과다.

유 원장의 첫 번째 미션은 '팀의 목표를 설정할 것'이었다. 그리고 미션을 달성하기 위한 솔루션은 세 가지였다. 첫째, 리더가 이기심을 버릴 것. 둘째, 팀원들에게 진심을 다해 협조를 요청할 것. 셋째, 팀원들에게 확실한 보상과 성과를 약속할 것.

"처음이니까 솔루션까지 다 알려주는 거야. 하지만 앞으론 쉽게 안 알려줄 거야. 왜? 나도 먹고살아야 하니까. 히히."

마지막으로 유 원장은 이렇게 말했다.

"당신이 지금 무얼 못 가졌는지가 아니라 당신이 가진 것으로 무얼 할 수 있을지를 생각하라.' 어때? 근사한 말 아니야? 실은 내가 생각한 게 아니고, 헤밍웨이가 남긴 말이야."

코너에 몰린 나상준, 다시 일어서려면 완전히 다른 사람으로 태어나야 했다. 혼자만 앞서가는 리더가 아니라 팀원들과의 협력을 잘 이끌어내는 리더로 말이다.

6인의 외인구단

　다음 날 나상준은 출근하자마자 인사팀으로 가 자기 팀의 명단을 확인했다. 만년과장으로 알려진 술상무 홍태만 과장, 아첨의 달인으로 소문난 아부왕 김영근 대리, 그리고 카더라통신이라는 별명이 붙은 신미정 사원.

　휴, 한숨이 절로 나왔다. 업무 실력은 미천한데 쓸데없는 개인기만 탄탄한 사람들을 한데 모아놓은 셈이다. 더욱이 필요한 인력의 최소치만 생색 내듯 꾸려놨다. 예상은 했지만, 정말이지 최악의 팀이란 생각밖에 안 들었다. 하지만 이제 어차피 이 사람들과 한배를 탔고, 이 인원으로 죽이 되든 밥이 되든 일을 해내야 한다. 유 원장의 말대로, 티, 뭐드라, 맞다, 티모스! 그걸 잘 이끌어내야 한다.

　유 원장의 얘기를 요약하면 이렇다. '사람에게는 누구나 인정받고 싶은 욕구, 티모스가 있다. 그 욕구를 적절히 끌어내 서로 협력함으로써 최상의 결과를 얻어내도록 하는 것, 그것이 바로 유능한 리더의 자질이다.' 나상준은 그의 말 중에서 '인정받고 싶은 욕구, 티모스'라는 지점을 몇 번이나 되뇌었다.

"뭐 먹을 건가?"

"저야 뭐. 팀장님이 드시고 싶으신 게 곧 제가 먹고 싶은 그겁니다."

분명 저게 진심은 아닐 텐데 어떻게 저리 천연덕스러운 표정으로 이야기할 수 있는 건지, 그것도 참 재주란 생각이 들었다. 그간 별생각 없이 그의 아부성 발언을 흘려들으며 웃고만 말았는데, 지금 보니 김영근 대리의 처절한 생존 방편임을 알겠다.

'저 친구에게도 숨겨진 능력이 있을 텐데……'

나상준은 곧 4팀으로 뭉칠 팀원을 한 명 한 명 찾아다니며 인사를 나눴다. 진심 어린 협조를 이끌어내고 싶은 마음에서다. 그 첫 번째 타자가 바로 아부왕 김영근 대리였다.

"항상 다른 사람의 기분을 생각하면서 좋은 말을 해주는 것도 대단한 능력이라고 생각해. 그것도 회사에서 인간관계를 유연하게 하기 위한 좋은 처세지. 그래서 김 대리랑 함께 있으면 기분 상할 일이 없었던 것 같아. 우리가 이제 4팀으로 헤쳐 모여를 할 텐데, 새 팀의 팀워크를 만들어가는 데 그 능력을 잘 발휘해주면 좋겠어."

얼큰한 순두부찌개를 사이에 두고 나상준은 김 대리를 치켜세우는 말부터 꺼냈다. 김 대리는 함박웃음을 지었는데, 그게 진심인지 고마움을 과도하게 표현하는 것인지 좀 헷갈렸다. 어쨌거나 싫지는 않을 것이다.

"그렇지만 그게 전부는 아니잖아. 김 대리는 디자이너인 만큼 디자이너로서 실력을 발휘하는 것이 가장 멋진 모습일 거야. 그렇지?"

"옳은 말씀이십니다, 팀장님. 저는 디자이너니까요."

"한 유명한 정치가가 말이야. 대부분의 사람이 스물다섯 살이 넘어가면 그냥 유령처럼 산다고 말했대. 있는 듯 없는 듯 그냥 사는 걸 꼬집은 거겠지? 내 생각에, 김 대리는 앞으로 무한한 가능성을 가지고 있다고 봐. 디자이너로서 승부를 보겠다, 이 정도의 야망을 가지면 누구나 탐낼 인재가 될 수 있을 거야. 내가 잘 도와줄게. 앞으로 우리 팀이 성과를 내는 데 김 대리도 여러모로 힘을 보태줘. 신생 팀이라 아직 막연하긴 하지만, 그 수고를 내 꼭 기억할게. 우리 함께 잘해보자고."

눈치 하나는 끝내주는 김 대리는 4팀으로 발령 났다는 사실을 알고 심장이 오그라들어 있었다. 어쩌면 곧 잘릴지도 모른다는 생존의 위협을 느낀 것이다. 더군다나 인간미 없기로 소문난 나상준 팀장이 그 팀의 우두머리라는 소식에 거의 절망했다. 제 발로 나가자니 대책이 없고, 계속 다니자니 가시밭길인 처지라 앞일이 막막하기만 했다.

그런데 오늘 갑자기 나 팀장이 찾아와 식사를 함께하자는 것이다. 얼마 전까지만 해도 상상조차 할 수 없었던 일인지라 김 대리는 어느 때보다 잔뜩 긴장했다. 사실 웃으면서 밥을 먹고는 있지만 그게 입으로 들어가는지 코로 들어가는지 모를 정도였다. 보통 때 같으면 상사의 마침표 하나마다 "그렇고말고요" 하며 추임새를 넣었겠지만 오늘은 그러지 못했던 것도 긴장 탓이다. 그런데 이상했다. 이야기를 듣다 보니, 그간 자신이 생각해왔던 나상준 팀장과 어딘가 다른 것이다. 가끔 눈치 못 채게 힐끔힐끔 그를 살펴봤지만 분명히 나 팀장이 맞는데 말이다. 이걸 도무지 어떻게 생각해야 할지 갈피를 잡지 못한 김영근은 일단 나상준의 마지막 당부에 힘차게 화답을 하기로 했다.

"넵. 팀장님 뜻이 곧 제 뜻이니까요."

나상준은 픽 웃음이 났지만 김 대리가 워낙 진지하게 답하는 통에 웃을 수가 없었다.

만년과장으로 통하는 홍태만은 나상준보다 나이가 다섯 살이나 많았다. 그럼에도 여지껏 과장 꼬리표를 떼지 못했다. 사람은 참 좋은데 도무지 센스라곤 찾아볼래야 찾아볼 수 없는 위인이다. 외모만 봐서는 광고회사 다니는 사람이라는 걸 누구도 믿지 않을 만큼 무디고 감각이 없으며 촌스러운 사람이 바로 홍 과장이었다. 자기 의견이 있는 건지 없는 건지, 좋다는 건지 싫다는 건지, 늘 물에 물 탄 듯 술에 술 탄 듯 지내기 때문에 윗사람들이 신임하지 않는다는 소문도 돌았다. 그런 소문을 알고는 있는지, 나이 어린 상사 밑에서 일하는 게 자존심 상하지는 않는지, 그는 늘 허허 웃고 다녔다.

그런 홍 과장에게도 사실 큰 장점이 있었다. 술을 아무리 먹어도

취하지 않는다는 것. 제법 규모 있는 광고주를 접대할 때면 반드시 그가 차출되었다. 완벽한 술상무였으니 말이다. 그는 끝까지 남아서 광고주들을 집까지 안전하게 모시는 흑기사 역할까지 톡톡히 해냈다. 그러니까 그가 아직 잘리지 않고 버틸 수 있었던 건 남산만큼 솟아오른 저 배 덕분이었다. 나상준이 보기에도 그만한 술상무는 어디에도 없었다. 그가 지난번 정리해고 때 그를 건드리지 않은 이유도 바로 그 때문이다. 회사 입장에서는 광고주를 잘 접대하는 것도 무척 중요한 일이다. 불편하지만 그것이 진실이었다.

"지난번 정리해고 때 홍 과장을 남겨둔 건 그 넉살 좋은 성격을 높이 샀기 때문이에요. 이번에는 홍 과장이 나를 한번 도와줘요. 우리 같은 팀이 됐으니 함께 잘해봅시다."

"예예, 허허. 그래야죠."

어찌 되었건 두 사람에게 먼저 도와달라고 손을 내민 건 나상준으로서는 고무적인 일이었다. 아랫사람에게 아쉬운 소리 한번 해본 적 없는 그였다. 게다가 김 대리나 홍 과장의 업무 능력은 나상준의 기준으로 볼 때 참 한심한 수준이었다. 그럼에도 나상준은 그들을 직접 찾아가서 함께 잘해보자고, 당신들이 꼭 필요하다고 말해주었다.

유 원장은 팀원의 인정받고 싶은 욕구를 자극하라고 했는데, 잘한 건지 모르겠다. 특히 홍 과장이란 사람에게는 인정받고 싶은 욕구가 있기나 한지 그것조차 알 수 없었다. 또 한 명의 팀원이 누구였더라? 그는 기억을 더듬다가 이내 쓴웃음을 지었다. 아, 카더라통신 신미정 씨.

평소 눈여겨본 친구가 아니라 잘은 모르지만 별명이 카더라통신이라는 것만큼은 나상준도 알고 있었다. 탕비실에서 다른 부서 여직원들과 수다떨 기회가 많아서 그런지 사내 정보에 빠삭하다고 했다. 웬만한 소식은 그녀한테 물으면 바로 알 수 있다는 말도 들었다. 그런 그녀가 아마도 근거 부족한 말을 퍼뜨려 윗사람들에게 찍힌 모양이고, 그래서 좌천 팀 명단에 오른 듯했다.

'휴, 갈수록 태산이군.'

나상준은 심란한 마음에 손바닥으로 마른 얼굴을 쓸어내렸다. 순간 한쪽 머리가 깨질 듯이 아파왔다. 점심 먹은 게 얹힌 듯 속도 더부룩했다. 그는 휴게실로 가 창문을 활짝 열어젖히고 바깥바람을 들이마셨다.

소식통이라니, 어쩌면 큰 도움이 될지도 몰랐다. 말이 너무 많아 간혹 귀찮을지도 모르겠지만. 좋게좋게 생각하자구. 그는 스스로에게 긍정의 주문을 걸며 신미정을 만났다. 좌천 팀으로 발령 났다는 사실에 시무룩해 있을 줄 알았는데 웬걸? 그를 보고는 생글생글 웃으며 인사를 건넨다. 입사 1년 차 신출내기답게 귀여운 데가 있었다.

"팀 분위기 좀 잘 부탁해. 막내는 원래 그런 역할이잖아?"

"호호호. 그런 건 걱정 마세요. 제 특기가 바로 애교잖아용!"

노혁재의 용용거리는 말투는 속을 느글거리게 했지만, 신미정의 용용은 제법 듣기 좋았다. 더욱이 신미정은 다른 사람들처럼 그에게 거리를 두거나 하는 것 같지 않았다. 꿍꿍이가 뭔지 도대체 알 수 없는 표정이 아니라는 것도 맘에 들었다. 뭔가를 물어볼 때는 그냥 궁금해서 묻는 것이고, 뭔가를 말하는 것은 자기가 알고 있어서 말해주는 것으로 보였다. 한마디로 아직 사회생활에서 처세의 때가 덜 묻은 신참이라는 느낌이었다. 물론 좋게 봐줘서 말이다.

이제 그의 재량으로 두 명을 스카우트할 수 있었다. 무엇보다 센스 있는 카피라이터가 필요했다. 1팀에서 똑소리 나는 일솜씨를 보여주었던 장민주 대리라면 더할 나위 없을 것 같은데……

장 대리의 마음을 어떻게 얻을 수 있을지 고민하며 나상준은 피트니스센터로 향했다. 유 원장의 말이 떠올랐기 때문이다.

"하이에나를 때려눕히고 싶어 주먹이 근질근질하지? 좋아좋아. 경쟁상대가 확실하면 승부욕도 높아지거든. 그런데 체력은 좀 되나? 사람이 화를 발산하는 데는 힘이 필요해. 안 그럼 제풀에 픽 쓰러지고 만다고. 갈 길이 구만린데 그 몸으로 되겠어? 얼굴에도 '나 환자요'라고 쓰여 있다구."

그간 체력관리 하나는 누구보다 열심히 해오던 그였다. 끼니는 건너뛰더라도 운동은 꼭 챙겼다. 술자리가 잦은 직업 특성상 자칫하면 몸도 망가지고 살도 오르기 쉬웠다. 둘 다 그가 원하는 바가 아니다. 그래서 퍼스널 트레이너를 두고 늘 건강관리, 몸관리를 해왔다. 그런데 요즘엔 통 운동을 하지 못했다. 울화증을 앓은 이후부턴 만사가 귀찮아졌기 때문이다. 하지만 이제 다시 신발 끈을 조여야 할 때다. 운동을 하면서 땀을 흘리면 머릿속도 시원해지곤 했다. 어쩌면 장 대리를 데려올 묘안이 떠오를지도 몰랐다.

요 며칠 사내 핫이슈는 나상준이 권력 싸움에서 밀렸다는 거였다. 거기에 그가 새 팀의 팀원을 충원하려고 한다는 것까지 이미 소문이 돌고 있었다.

"뻔뻔하긴. 인정사정 없이 내칠 땐 언제고 이제 와서 사람을 찾아?"

"그래도 나혈한이 능력은 제일 낫지. 같이 일하면 뭐라도 하나는 배울 수 있지 않을까?"

"하긴 여기 웃대가리 중 냉혈한이 어디 나혈한뿐이야? 나 팀장 정도면 그냥 평범한 거지 뭐."

나상준은 직원들 사이에서 나혈한으로 불리고 있었다. 지난번 정리해고 여파가 이 정도로 컸던 것이다. 삼삼오오 모여 이야길 나누는 그들의 의견은 요약하면 크게 두 가지였다. 나상준은 인정머리 없는 팀장이라는 것, 그래도 능력은 가장 뛰어나다는 것.

수다 떠는 자리에 합류한 적은 없지만, 장민주 대리도 어떤 얘기가 오가는지는 대강 알고 있었다. 그녀는 요새 생각이 많았다. 나상준 팀장과 함께 일하다 새 팀장인 노혁재와 일한 지 일주일째. 그녀는 심기가 부쩍 불편해졌다. 노혁재 팀장은 신임 본부장을 등에 업고 기고만장해서는 팀원들을 들들 볶아댔다. 게다가 말이 전혀 통하질 않았다. 다른 사람의 의견에 귀를 기울이는 건 고사하고, 말을 끝까지 듣는 것도 본 적이 없었다. 자신을 발탁한 것이 잘

한 선택임을 보여주려고 너무 조급하게 몰아치는 것 같았다.

장 대리는 오늘도 폭발 일보 직전의 상황까지 다녀왔다. 신제품 선글라스에 대한 카피안을 올렸는데, 노 팀장이 힐끔 보고 고개를 절레절레 흔들더니 다시는 쳐다도 안 봤기 때문이다.

'아니, 퇴짜를 놓더라도 말을 들어보고 퇴짜를 놓아야 할 거 아냐! 왜 그런지 말을 해야 할 거 아니냐고! 말을 듣지도 않고 하지도 않는데, 자기 머릿속에 틀어박힌 생각을 내가 어떻게 아냐고!'

간신히 자리로 돌아온 장 대리는 일할 마음이 싹 사라져버렸다. 스스로가 참 한심하기도 하고, 측은하기도 하고 심사가 복잡했다.

'이러다 시집도 가기 전에 머리털 다 빠지게 생겼네.'

커피를 홀짝이며 속으로 신세한탄을 하고 있는데 신미정이 특이한 콧소리를 내며 자기를 부른다.

"장 대리니임. 나상준 팀장님이 부르세요옹."

1층 로비에 있는 작은 카페 구석 자리에 나상준이 생각에 잠겨 앉아 있는 게 보였다.

나상준은 끝내 묘안을 발견하지 못한 채 이 자리에 왔다. 그저 진심으로 그녀의 능력을 높이 사고 있다는 것과 이번에는 팀워크를 제대로 발휘해 일해보고 싶다는 것, 그리고 좋은 실적을 거둬 팀에 기회가 주어진다면 그녀를 제일 먼저 진급시켜줄 것을 약속할 참이었다. 간밤 늦게까지 거실에서 서성대다가 오래전에 읽던 책에서 밑줄을 쳐놓은 부분을 보게 됐다. '대면한다고 해서 모든 것이 바뀔 수는 없지만, 맞서 대면하지 않으면 아무것도 바꿀 수 없다.' 나상준은 정신이 번쩍 났다. 벌써 며칠째 묘안만 찾아 헤매고 있는데, 이래서는 영영 놓쳐버릴지도 모른다. 일단 부딪쳐보자! 그래서 오늘 장 대리를 부른 것이다.

"장 대리……. 사실은 말이야."

장 대리가 앞에 앉았는데도 얼른 말을 꺼내지 않던 나상준이 커피잔을 만지작거리면서 어렵게 입을 열었다. 그렇지만 불러만 놓고 얼른 뒷말을 잇지 못했다.

장 대리는 조금 의아했다. 나 팀장은 원래 그런 사람이 아니었으니까. 그는 아랫사람 앞에선 늘 뻐딱하게 앉았고 상체를 뒤로 한껏 기대면서 팔짱부터 꼈다. 그때마다 거부나 반대의사는 받아들이지 않겠다는 단호함이 풍기곤 했다. 그러던 그가 지금 자기 앞에서 할 말을 제대로 못 하고 절절매고 있는 거다.

잠깐 생각에 잠겼던 장 대리가 말을 꺼냈다.

"나 팀장님, 4팀 말이에요. 듣자니 팀원이 홍 과장님하고 김영근 대리, 신미정 씨고 두 자리가 공석이라면서요."

"음, 마침 그 말을 할 참이었어. 그러니까 장 대리 내가 지금은……."

"저도 끼워주세요. 카피라이터 필요하시잖아요. 대신 성과 목표를 달성하면 내년에 과장 승진, 가능하겠죠?"

뜻밖이라는 생각을 한 건 이번엔 나상준 쪽이었다.

"물론이지, 장 대리. 역시 성격 한번 시원시원하군."

한 팀에서 일할 때는 늘 깐깐하게 굴던 그녀가 먼저 합류하겠다고 말하다니! 호박이 넝쿨째 들어온 기분이었다. 앞으로 일이 술술 풀릴 것 같아 나상준은 모처럼 기분이 해사해졌다. 그는 장 대리에게 자신이 그리고 있는 큰 그림을 간단하게 들려준 뒤, 진급 평가 때 적극 추천하겠노라고 다시 한 번 다짐했다.

나상준이 꼭 데려오고 싶은 사람이 한 명 더 있었다. 바로 AE 도영재로 직급은 사원이다. 2팀 소속이니 이제 그 두 팀의 통합 팀장이 된 노혁재의 팀원이다. 지지난해 그가 입사할 때 나상준이 직접 면접을 보았는데, 무척 인상적이었다. 그래서 평소 그를 눈여겨보고 있었다. 전체 회의를 할 때도 그는 기죽지 않고 팀장들에게 조목조목 반박하곤 했다. 그런 모습에 욱할 때도 있긴 했지만, 잘 들어보면 다 일리 있는 말이었다. 게다가 툭툭 던지는 아이디어가 어찌나 기가 막힌지 속으로 '저놈, 앞으로 크게 될 놈일세' 하며 감탄사를 날리곤 했다.

노혁재의 깜냥으로는 아직 도영재의 능력을 알아보지 못했을 것이다. 아니 어쩌면 영영 못 알아볼지도 모르며, 도리어 갈수록 기를 죽여 아까운 인재 하나를 사장시킬 수도 있다. 두뇌회전 빠른 도영재가 이 사실을 모를 리 없겠지. 하지만 또 하나의 변수가 있으니, 바로 줄이라는 것이다. 도영재가 출세욕이 강한 친구라면 분명 본부장에 줄을 댄 노혁재 곁에 있으려 할 거다. 그렇다고 그를 욕할 처지는 못 된다. 줄 대기라면 자기만큼 치열했던 사람도 찾기 어려울 테니. 지금 자기가 이 꼴 난 것도 따지고 보면 줄을 대려다 그런 것 아니었는가. 사장과의 핫라인 말이다.

"오늘 저녁 시간 돼?"

나상준이 도영재에게 카톡을 날렸다.

"왜요?"

"뭐, 그냥. 술이나 한잔할까 싶어서."

"저랑요? 나 팀장님이 왜요?"

아, 이런 '왜요'가 입에 붙은 놈을 봤나.

"음, 긴히 할 말이 있어서."

"그냥 카톡으로 하시면 안 돼요?"

"야, 인마. 상사가 보자고 하면"이라고 쳤다가 얼른 싹 지웠다. 아무리 까마득히 어린 후배라지만 지금 아쉬운 건 나상준 쪽이다. 그는 화를 꾹 누르고 차분하게 다시 보냈다.

"그러지 말고, 다른 약속 없으면 이따가 회사 앞에 있는 호프집으로 와. 기다리마."

"오래는 못 있어요. 요즘 운동 다니거든요."

"그래, 알았다."

그놈 참 도도하긴.

마지못해 마주 앉긴 했어도 무더위에 맥주가 고팠는지 도영재는 첫 잔을 시원하게 쭉 들이켰다.

"도영재, 너 롤모델 같은 거 있냐?"

"글쎄 뭐, 한국엔 딱히 없어요."

"그래도 잘 찾아보면……."

"우리나라 사람들 짜증 나요. 너무 후져요."

"어떤 점이?"

"대놓고 말씀드리긴 좀 그런데, 지금 나 팀장님만 봐도 그렇잖아요. 잘나가다 왜 이렇게 되신 거예요?"

이놈 봐라? 되바라진 정도가 완전 상상초월이네. 휙 하고 날아온 잽 한 방에 얼얼해진 나상준은 정신을 가다듬고 말을 이어가기 위해 맥주를 벌컥 들이켰다.

"크흠. 조직이란 게 원래 그런 거다. 인정사정 볼 것 없는 정글 같은 곳이지."

"실력보다 아부가 더 중요한 곳 같아요. 전 그런 거 흥미 없어요. 아부 안 해도 지금까지 잘 살았거든요. 솔직히 여길 계속 다녀야 하나 고민 중이에요."

"조직은 사실 다 거기서 거기지. 내가 이렇게 된 데는 내 문제가 커. 내가 많이 이기적이거든. 이번 일을 계기로 깨달은 바가 크다. 빌 게이츠 말마따나 성공을 자축하는 것도 중요하지만, 실패를 통해 교훈을 얻는 게 훨씬 더 중요하잖아."

도영재 같은 상대에게는 에두르지 않고 직접 말하는 게 이야기가 훨씬 빨랐다. 도영재도 나상준의 솔직한 말에 틱틱거리는 걸 멈췄다.

"너 같은 원석은 상사를 잘 만나야 보석이 될 수 있어. 그건 어딜 가도 마찬가지야. 내가 자상하거나 너를 깊이 배려하는 성격은 못된다. 하지만 네 거친 아이디어를 작품으로 만들어줄 실력은 있지. 그러니까 나랑 같이 일해보는 건 어때? 어차피 사표 쓸 깡이었다면 못 해볼 것도 없잖아, 안 그래?"

　도영재는 나상준과 확실히 달랐다. 비슷한 스펙을 갖고 있지만 분명 세대차이란 게 있었다. 게다가 나상준처럼 개천에서 용 난 케이스가 아니라 부족한 것 없이 부유하게 자란 녀석이었다. 능력은 출중한데 헝그리 정신이 없다. 말할 때 상대방 눈치 따윈 안 보는 것도 그런 이유 같다. 때려치워도 품어줄 부모가 있어서인지 출세에 목마르지도 않다. 그리고 도영재는 바로 그런 이유로 나상준네 팀에 합류하기로 했다. 그에게는 줄을 대는 게 전혀 중요한 일이 아니었다.

　나상준은 그런 면들이 내심 부럽기도 했다. 자기처럼 허덕허덕 살지 않은 덕에 몸에 배어 있는 도영재 특유의 여유 같은 것 말이다. 하긴 빌 게이츠가 남긴 또 다른 말도 있지. '인생이란 결코 공평하지 않다. 이 사실에 익숙해져라.'

어색한 시작

　그렇게 4팀이 완성되었고 책상 이동까지 끝났다. 하지만 다들 서먹서먹한 채 자기 자리를 지키고 있는 게 영 꿰다놓은 보릿자루들 같았다. 가끔 신미정 씨가 생뚱 맞은 소릴 해서 웃음소리가 나는 때가 아니고는 박물관처럼 조용하기만 했다.

　며칠간 바삐 돌아다니느라 신경이 덜 가긴 했어도, 나상준의 울화증은 크게 나아지지 않았다. 약을 처방받아 밤에 잠을 자긴 하지만 악몽에 시달릴 때가 많았다. 밤새 가위눌린 듯 시달리다 아침에 눈을 뜨면 머리가 묵직하고 팔다리에 기운이 하나도 없었다. 아침부터 아내에게 짜증 내는 일도 많아졌다.

　"아니, 아니. 왜 또 그 색이야? 그 타이 맘에 안 드니까 딴 거 달라구. 왜 이렇게 센스가 없어?"

　"여보, 설거지 좀 신경 써서 해. 여기 고춧가룬지 뭔지가 달라붙어 있잖아. 물을 마시라는 거야, 세균을 마시라는 거야?"

"전쟁 났어? 무슨 여자가 그렇게 코를 골면서 자? 그렇잖아도 잠 못 자서 죽겠는데, 옆에서 염장 지르는 거야?"

처음에는 순순히 져주던 아내도 더는 못 참겠다는 듯 버럭 화를 냈다.

"당신, 벌써 갱년기야? 요즘 도대체 왜 그래?"

뜨끔했다. 나도 모르겠다. 도대체 왜 이렇게 불안하고 매사에 예민한 건지. 잘될 거라고, 잘 할 수 있을 거라고 하루에도 몇 번씩 다짐하는데도 안정이 되지 않고 늘 신경이 곤두서 있다. 눈에 거슬리는 것들은 기어이 지적질을 해야 직성이 풀리는 걸 어쩌랴.

우울한 마음으로 진료대기실 의자에 앉아 차례를 기다리고 있는데, 유 원장의 목소리가 문밖에서도 다 들렸다. 유 원장은 유난히 목청 좋은 의사다.

"뭐어? 그래서 콱 죽고 싶다고? 왜? 죽어라 고생했대매. 어렵게 어렵게 스펙 만들어서, 어렵게 어렵게 입사했대매. 그런데 이제 와서 누구 좋으라고 죽는다는 거야? 아항, 너무 힘들다고오. 그러엄, 힘들고말고. 그런 상황이면 누구라도 힘들지. 그런데 말이지, 회사 떠난다고 해서 당신의 존재 가치가 사라지는 건 아니야. 회사와 내 존재, 그 두 개는 완전히 별개라구!"

누가 회사에서 잘려 우울증에 걸렸나? 나상준의 귀가 절로 쫑긋거렸다.

"공부만 하고 살았습니다. 그게 제 전부였어요. 그 덕에 회사에서 인정받고 살았는데, 이제 쫓겨나면 저한테 뭐가 남겠어요. 진짜 죽고 싶습니다."

"어휴, 이봐. 물론 그런 생각이 들 수 있어. 하지만 말야. 자신의 가치는 그렇게 단순한 게 아니라구. 응응? 당신이 맺은 인간관계에 죄다 회사 사람만 있는 것도 아니고, 24시간 내내 회사 일만 하는 것도 아니잖아. 맛있는 것 먹고, 좋은 음악 듣고, 가족과 함께 지내는 것도 소중하잖아? 그건 왜 빼고 그래에~."

'아……'

나상준은 동병상련의 정을 느꼈다. 그러면서 한편으로 위로도 되었다. 나만 힘든 건 아니군, 하고 말이다.

"오랜만이네?"

차례가 되어 진료실 안으로 들어가니 방금 전까지 열을 올리며 환자를 달래던 유 원장은 사라지고 없었다. 대신, 짧은 다리를 힘겹게 꼰 채 손가락으로 귀를 후비며 인사를 건네는 또 다른 유 원장이 있었다. 에이, 참 지저분하게. 또 신경이 곤두선다.

그러고 보니 진료실 풍경도 참 가관이다. 체육관도 아닌데 아령에 샌드백에 요가 매트까지 여기저기 어지럽게 놓여 있다. 지난번에는 두 다리로 버티고 서는 것 자체가 힘들어 제대로 보지 못했는데, 오늘은 이것저것 몽땅 눈에 거슬린다.

'어휴, 정리정돈 좀 하고 살지. 정신이 하나도 없네.'

"거기 앉아. 아참, 우리 쪼롱이 밥도 못 줬네."

진료실 한쪽의 둥근 새장 안에서 노랑새 한 마리가 찡얼대고 있었다. 원장은 쪼롱인지 쭈그렁인지 하는 그 새가 예뻐 죽겠다는 표정이다. 엄지와 검지로 사료를 집더니 입안에 쏙 넣어준다. 하는 짓과 표정이 딱 어린아이다. 자기 할 일이 뭔지를 잊어버린 듯 우쭈쭈쭈 하면서 새 얼르기 삼매경이다.

웬만큼 하시죠? 그런 말이 하마터면 입밖으로 나올 뻔했다. 밖에서도 내내 기다렸는데 안에 들어와서까지 대기라니, 짜증이 났다. 이 병원에 내가 왜 또 왔나 하는 생각이 든다. 나상준은 뻐딱한 표정으로 의자에 앉았다.

"요즘 컨디션은 어때? 잠은 좀 자는 거야? 볼 때마다 느끼는 건데, 참 스타일이 좋구만. 역시 옷걸이가 좋아야 한다니깐."

"어휴, 원장님. 여기 앉아서 원장님 책상을 보니 제 마음이 더 어지러워지네요. 책상 정리 좀 하시면 안 될까요? 상담받는 데 집중이 안 됩니다."

"헐, 앉자마자 내 책상 디스부터 하는 거야? 자기 바디라인을 칭찬해주고 있는 사람한테? 아직도 상태가 별로고만, 별로야. 이잉."

"고객 맞는 곳인데 깨끗하면 더 좋지 않습니까?"

"여긴 나만의 창의적인 공간이라고. 지저분해 보여도 다 이 안에 나름의 질서가 있다구. 내 생각엔 내 책상이 문제가 아니라 당신의 컨디션이 문제야. 별거 아닌 일도 별것처럼 생각되고, 아무한테나 까칠하게 굴고 싶고, 그러고도 불안한 상태. 내 말이 맞지?"

나상준은 또 정곡을 찔렸고 어쩔 수 없이 꼬리를 내려야 했다.

"사실 요즘 들어 부쩍 예민해지긴 했어요. 예전엔 그러려니 하고 넘어갔던 일들도 신경이 쓰여서 미치겠습니다."

"응, 걱정 마. 나랑 자주 만나서 수다 한 판씩 떨면 괜찮아질 거야. 요새 남자들 속병 나는 거, 과묵한 게 좋다고 가르친 데 원인이 있어. 수다가 얼마나 좋은데, 히히. 그래, 팀은 잘 꾸렸어?"

"그럭저럭요. 잘나가는 팀원 둘도 데려왔어요. 그런데 말입니다, 원장님. 제 말 고깝게 듣진 마시고요. 솔직히 이런 말씀 드……."

"드리고 싶진 않지만. 찌찌뽕!"

이건 또 뭐야! 나상준이 하던 말 끝부분을 똑같이 발음한 유 원장은 아이들 하듯이 꼬집는 시늉까지 내면서 좋아 죽는다.

"다음 말이 뭔지 내가 맞춰볼까? 말 끊은 건 미안해, 사과할게. 입이 근질거려서 말야. 히히."

찌찌뽕은 뭐고, 또 내가 하려는 말을 어떻게 안다는 거야? 그때 유 원장이 나상준의 목소리와 표정을 흉내 내면서 말했다.

"'원장님이 이 분야의 권위자인 건 잘 알겠지만, 온종일 진료실에만 앉아 있으면서 어떻게 직장인의 심정을 알 수 있겠습니까? 라고 하려고 했지? 큭큭."

"아니, 그걸 어떻게……? 물론 앞부분의 권위자 어쩌고 하는 부분은 빼고요."

"이잉. 이왕이면 그것도 넣자. 어쨌든, 내가 어떻게 생각을 읽었냐고? 대부분 환자가 거쳐가는 과정이니 딱 알지."

"다들 이런 과정을 거쳐요?"

"맞아. 환자들은 처음엔 나를 만나면서 일종의 허니문 시기를 맞게 돼. '잘될 거야, 치료받으면 나도 다시 예전처럼 좋아질 수 있어' 하고 나를 좋게 보고 기대에 부풀어. 좋은 일이지. 근데 그 시기가 지나면 슬슬 의심하기 시작해. '저 양반이 과연 내 상황을 제대로 이해할 수 있을까? 진료실에만 처박혀 있는 것 같은데, 혹시 돌팔이 아냐?' 이런 식으로. 당신도 그렇지? 응응?"

나상준은 차마 아니라고 말하지 못하고 그냥 가만히 있었다.

"자, 그럼 내가 속 시원히 고민을 타파해주지. 여기 앉아 있으면 별의별 일을 다 겪는 직장인들을 수도 없이 만나게 돼. 이래 봬도 말이야, 특히 잘나가는 회사의 리더들이 나를 많이 찾는다구. 진료 기록 남을까 봐 찜찜한지 밥 한번 먹자, 와인 한잔 하자 하면서 분위기 좋은 데로 살짝 불러내는 거야. 정신건강의학과가 이름이 바뀌기 전에는 신경정신과라고 했었잖아. 이런 병원 들락거리면 무슨 심각한 정신병 이력이 남는 걸로 여기기도 하고 말야, 무식하게시리. 암튼 불러서 가보면 정말 으리으리한 곳에서 맛있는 걸 막 사주면서 이것저것 묻고 자기 얘기들도 하고 그래. 흠흠."

잘나가는 의사라고 스스로 과시하고 나니 기분이 으쓱해지는지 그가 어깨를 들썩여 보였다.

"특히 말야. 임원 인사철이 되면 내가 얼마나 바빠지는지 알아? 대기업 같은 데 인사이동 있으면 신문에 이름들 쭈욱 나가지? 하지만 생각해봐. 이름 안 나가는 사람들이 당연히 더 많을 거 아냐. 승진에서 물먹은 당사자들은 늦은 밤 소주잔 기울이며 괴로운 시간을 보내야 한다구. 그러다가 나를 찾는 거야.”

생각해보니 정말 그럴 것 같았다. 직급이 올라갈수록 자리가 적어지니 탈락자가 당연히 많아지겠지. 특히 임원 진급 시기에 진급을 놓치면 대개 조만간 회사를 떠나야 하니까 더 막막할 것이다.

“사람 앞일은 아무도 모르는 거더라구. 승승장구하던 유망주들도 갑자기 만나자고 해서 나가보면 이러~고 넋 놓고 앉아 있어.”

유 원장은 양손을 축 늘어뜨리고 어깨를 구부정하게 하고는, 입을 살짝 벌린 채 허공을 멍하니 바라보는 흉내를 냈다. 자기 딴에는 실감 나게 표현하려는 것이겠지만, 너무나 바보 같아서 나상준은 큭 웃고 말았다.

“내가 다가가도 잘 몰라보는 사람도 있어. 안 물어도 뻔한 거야. 그럴 때 마음 상태는 다 비슷해. 더 잘하고 싶고 인정받고 싶었는데 인정을 받지 못해서 티모스가 상처받은 거야. 그러면 백이면 백, 분노와 우울과 불안 증세를 호소하지. 당신처럼 말이야. ‘내가 이렇게 한순간에 버려질 존재밖에 안 되었나?’ 하는 분노와 배신감. 또 ‘나 역시 결국 조직의 노예였을 뿐인가?’ 하는 우울함. 그런 일을 당하기 전까지는 자긴 절대 그럴 일 없다고 자신했던 사람들이거든. 그래서 상처가 더욱 큰 거야. ‘그래 까짓 거, 이번엔 운이 없었어, 다음에 잘하면 되지 뭐’ 하면서 스스로를 위로하려고 노력해봐도 잘 안 되는 거야. 역시나 미래는 불투명하니 불안할 수밖에. 그래서 아무 데나 막 들이받는 거지. 자, 이제 의심이 좀 풀렸어?”

"모두 제가 지금 겪고 있는 감정 상태 딱 그겁니다. 하루에도 마음이 얼마나 널뛰기를 해대는지……. 남들도 그렇다고 하니 좀 위로가 되기도 하네요."

"그래그래, 힘 내라구. 그나저나 어떤 팀원들이 모였는지 궁금한데?"

그가 또 코를 벌름거리며 나상준 쪽으로 얼굴을 쑥 들이민다. 나상준은 한 명, 한 명 짚어가며 이름과 특징들을 설명해줬다. 스카우트가 의외로 수월했다는 점도 덧붙였다.

"크크. 역시 광고회사라 그런지 개성들이 다 확실하군. 다들 능력이 제각각일 텐데, 그게 뭔지 찾아내고 키워주는 게 관건이겠네? 이제 잠자고 있는 팀원들의 티모스를 끌어내야 한다 이거지. 그게 당신이 사는 길이야."

"그게, 참……. 좌천 팀이라는 이미지가 강해서 그런지 다들 축처져 있는 것 같아요. 어디서부터 어떻게 분위기를 만들어가야 할지 고민입니다."

"회식 한번 거하게 해야겠는걸. 고기도 굽고 술잔도 부딪쳐가면서 서로 화기애애한 분위기 좀 만들어봐. 당신 자랑이나 늘어놓으려 하지 말고 서로 북돋아 주는 분위기를 만들란 얘기지. 그나저나 좋겠다. 나는 다이어트 중이라 고기랑 술 못 먹는데, 꿀꺽."

다이어트 중이라는데 지난번에 비해 살이 빠져 보이진 않았다. 오히려 더 부어 보였다. 유 원장의 천연덕스러운 표정에 또 한 번 픽 하고 웃고 만 나상준. 이곳에 오면 맘이 편해지는 게 사실이다.

잠깐이지만 숨통이 트인다. 유인정 원장이란 사람, 묘하게 그런 매력이 있다. 사무실로 돌아가면 다시 숨통이 조여온다는 게 문제지만 말이다.

상담을 마치고 나가려는 그의 등에 대고 유 원장이 말한다.

"혼자 고민 쌓고 살아봤자 도움될 거 하나 없다구. 생각만 바꿔도 맘이 한결 편해지지. 혼자 가는 길이 아니라 팀원들과 함께 가는 길이라고 말이야. 원플레이 말고 팀플레이!"

함께 가는 길. 유 원장이 지난번에 이어 다시 한 번 강조하는 말이다. 나상준은 지금껏 약육강식, 적자생존의 시대에 가족 이외엔 누구도 진짜 내 편이 되어줄 수 없다고 생각해왔다. 하지만 걸음을 옮기면서 유 원장의 마지막 말을 조용히 곱씹어본다.

사무실로 돌아온 나상준은 팀원들에게 회식을 제안했다. 회식비 지원이 안 되니 사비를 털어야 했다. 다른 때 같으면 이런 경우에 은근히 생색을 냈겠지만 왠지 이제는 그러면 안 될 것 같았다. 팀의 기를 살려주는 게 중요하므로 회사에서 밀어준 것처럼 하는 게 좋을 듯했다. 이제는 원플레이가 아니라 팀플레이다. 그는 익숙하지 않은 단어인 '팀플레이'란 말을 머릿속에 각인시키기 위해 몇 번이고 되뇌었다.

"고기 먹고 힘냅시다. 다들 급작스레 한 팀이 되어서 어색할 거야. 홍 과장과 김 대리는 원래 알고 지내는 사이일 테니 됐고. 여기 1팀에 있던 카피라이터 장민주 대리, 일 잘한다는 소문 익히 들었을 거야. 그리고 2팀에서 온 도영재 씨, 아이디어가 끝내주는 친구지. 그리고 신미정 씨, 우리 팀의 막내로 팀 살림살이를 맡아줄 거야. 마지막으로, 나는 여러분 모두 알다시피 나상준 팀장."

여전히 뻣뻣한 감은 있지만, 한 명씩 소개할 때마다 박수가 터지면서 조금씩 몸도 풀리고 표정도 풀려갔다. 나상준은 자기 이름을 소개하고는 벌떡 일어서서 팀원들에게 고개를 숙여 인사했다. 그러고는 진지한 얼굴로 덧붙였다.

"다른 사람들은 우리 팀을 내가 좌천되면서 맡은 팀이라고 생각할 겁니다. 하지만 결과는 끝까지 가봐야 아는 것 아니겠어요? 나는 기존의 나를 잊고, 새로운 마음으로 출발할 생각입니다. 지금까지 나상준만의 작품을 만들어왔다면, 이제부턴 우리 팀의 작품을 만들어내기 위해 노력할 겁니다. 다른 건 몰라도 여러분 각자의 능력을 최대한 발휘할 수 있도록 도울 거예요. '할 수 있다고 믿는 사람은 그렇게 되고, 할 수 없다고 믿는 사람 역시 그렇게 된다'라는 명언이 있죠. 비록 오늘 우리가 처한 조건은 불리하지만 함께하면 할 수 있다고 분명히 믿습니다."

여기까지 쉬지 않고 말한 나상준은 아차 싶었다. 또 옛날 버릇이 나와 일장연설을 하고 있잖은가. 그는 머리를 긁적이며 급히 사과했다.

"아, 진짜 습관을 고친다는 게 이렇게 어렵네요. 좋은 자리를 지루하게 만들어서 미안합니다. 연설은 이것으로 끄읕!"

얼굴까지 벌게지며 진짜 미안하다는 모습을 보이자 시큰둥한 표정으로 앉아 있던 팀원들이 모두 웃음을 터트렸다. 그때 막내 신미정이 잔을 높이 들며 외쳤다.

"그런 의미에서 우리 건배해용. 자, 우리의 새 팀을 위하여!"

모두 잔을 들어 부딪치며 '위하여'를 외쳤다. 잔 새로 채우랴 쌈 싸랴 조금 어수선한 가운데, 나상준은 오랜만에 편안함을 맛봤다. 여럿이서 함께 마시니 술도 달게 느껴졌다.

인정받고 싶은 욕구

　다음 날 나상준은 오전부터 진료실을 찾았다. 유 원장이 자꾸 얘기하는 티모스에 대해 정확히 알고 싶어서다. 진료실 앞에서 대기하고 있는데 늘 그렇듯 유 원장의 격앙된 목소리가 들려왔다.

　"손바닥은 또 왜 그래! 각질이 허옇게 일어났네? 이건 좀 심한데?"

　"왜 이런지 모르겠습니다. 가려워 죽겠어요."

　"락스에 손을 푹 담갔어? 그렇게 하지 않은 이상 극심한 스트레스가 원인인데? 요새 스트레스 받을 만한 일이 있었나 봐."

　"승진을 하긴 했는데 마냥 좋아할 일이 아니라서요. 지금까지 해오던 일과 아무 관련이 없는 쪽으로 발령이 났지 뭡니까. 실적 못내면 어쩌나 걱정이 돼서 밤에 잠도 제대로 못 잡니다."

　"아이고, 요즘 왜 이렇게 우울증 환자가 많아. 병원이 대박 나려나? 흠흠. 이리 좀 가까이 와봐. 앞으로 어떻게 해야 할지 내가 작전을 짜줄게."

작전이라고? 나상준의 귀가 번쩍 뜨였다. 자기도 실적 고민이 이만저만이 아닌 터라 집중해서 듣고 있었다. 아니, 근데 왜 갑자기 아무 소리도 안 들리지? 한참 동안이나 아무 소리도 새어나오지 않았다. 궁금해서 엉덩이가 절로 들썩거리고 있는데 유 원장의 밝은 목소리가 들린다.

"내 말 잊지 마. 히히."

"왜 그렇게 조용하셨어요? 10분씩이나 말여요."

진료실로 들어선 나상준이 툴툴대며 물었다.

"응, 원래 내 밥줄이 될 만한 얘기는 귀에다 대고 하거든. 크크."

아 진짜, 치사하기는.

"상태는 어때?"

"어젯밤엔 모처럼 푹 잤습니다."

"좋아, 좋아. 어쩐지 피부가 뽀샤시~한 게 광이 번쩍번쩍 나더라. 잠도 잘 잤는데 오늘은 왜 온 거야?"

나상준은 티모스가 뭔지 제대로 알고 싶어서 시간을 좀 여유 있게 잡고 왔노라고 했다. 어제 회식을 하면서 문득 든 생각인데 팀원들한테도 가르쳐주고 싶어졌다, 그러자면 자기가 충분히 알고 있어야 하지 않는가, 자료도 좀 주셨으면 좋겠다 등등의 이야기를 했다.

"오호. 아주 훌륭한 자세군. 지금까지 이런 모범 환자가 몇 명 있었는데, 다들 멋지게 지내더라구. 그러면 오늘 상담은 '이것이 티모스다'라는 제목으로 해볼까?"

헉, 상담에 제목을 다는 건 또 뭐람. 나상준은 순간 자신이 잘한 일일까 하는 회의가 잠깐 들었다. 유 원장이 두 눈을 이글거리면서 과도한 의욕을 드러냈기 때문이다. 하지만 이미 돌이킬 방법은 없는 것 같다. 유 원장이 작정하고 앞에 와 앉더니 상담이 아니라 '강의'를 시작했다.

"자, 여기, 목 아래께 있지? 여기를 만져봐."

유 원장이 고개를 쭉 빼더니 자기 목 아래를 손가락으로 짚는다. 나상준도 유 원장을 따라 비슷한 위치를 손으로 짚어본다.

"여기, 말이죠?"

"응 그래, 거기. 그곳이 바로 티모스가 있는 곳이라구. 흠흠. 가슴 앞쪽 한복판에 세로로 뼈가 있잖아? 이게 복장뼈야. 그리고 숨 쉴 때 공기가 들어왔다 나가는 통로를 기도라고 하지? 기도가 목에서 가슴으로 내려가는데, 그 기도와 복장뼈 사이에 티모스가 있는 거지."

유 원장이 자신의 복장뼈 부위를 손으로 탁 쳤다.

"전에도 말했지만, 티모스는 가슴샘이라고도 불러."

'그 얘길 한 적이 있나요?' 하는 나상준의 시선과 '내 그럴 줄 알았어' 하는 유 원장의 시선이 잠깐 얽혔다 풀렸다.

"그러니까 원장님 말씀은 티모스가 우리 몸에 있는 기관 중 하나라는 거잖아요."

"하, 몇 번을 말했는데 생판 처음 듣는 것처럼 구니 서운한데?"

"그땐 제가 정신이 없었잖습니까. 어쨌거나 갑상샘, 콩팥은 알아도 가슴샘이니 티모스니 하는 건 전혀 모르겠는데요?"

"그렇지? 그러니까 내가 먹고살지. 히히."

"그럼 티모스는 어떤 역할을 하는 건데요? 우리 몸을 위해서요."

"티모스는 원래 면역기관이야. 면역이라는 게 우리 몸에서 얼마나 중요한지는 당신도 잘 알 거야. 외부에서 들어온 각종 병균이 우리 몸을 공격할 때, 면역세포라는 전투부대가 싸워서 나를 지켜주는 거잖아. 그러니까 면역력이 떨어지면 병에 걸리기 쉬워지는 거야. 전투부대가 비리비리하면 당연히 싸움을 잘 못할 거 아냐."

나상준이 그 정도는 안다는 표정으로 고개를 끄덕거렸다.

"면역세포 중 일부는 골수에서 탄생해서 티모스로 보내져. 티모스에서는 티모신(thymosin)이라는 호르몬이 분비돼서 이곳에 도착한 면역세포를 활성화시키지. 그래서 전투 준비가 갖춰지면 출동! 이렇게 되는 거야."

"면역세포를 활성화시킨다면 무척 중요한 기관이군요!"

"그럼그러엄. 정말 중요하고말고. 티모스는 나를 나답게 지켜주는 면역력의 종결자야. 건강한 공격성을 상징하지."

"공격성이 건강하다구요?"

"외부 공격에 맞서 싸우는 것은 생존에 꼭 필요하잖아. 그러니까 정당한 공격성인 거지."

정당한 공격성? 몸 안에서 일어나는 일에 특별히 관심을 가져본 일이 없는 나상준은 이게 또 색다른 흥미가 있는 영역이라는 걸 알게 됐다. 마치 사람 사는 세상에서나 있을 법한 일이 우리 몸에서도 일어나고 있다니, 적이 있고 아군이 있고 하는 식으로 말이다.

"그런데 말이죠, 제가 여기 온 첫날 제 티모스에 문제가 있다고 하신 건 어떤 뜻이에요?"

"안타깝게도 당신의 티모스가 바짝 쪼그라들어 있다는 얘기였어."

"아 좀, 알아듣게, 자세하게 설명해주세요."

"티모스란 말의 어원을 알면 이해가 쉽지. 티모스는 그리스어의 thymos에서 나온 건데, 이 단어에는 '향을 내다'라는 뜻이 있어. 지난번에 백리향 얘기도 했지? 어쨌든 사람에게서 향기가 나려면 어때야 할까? 자부심, 긍지, 기개 등등이 있어야 하겠지? 그리스어로 티모스는 타오르는 열망과 기백을 나타내는 말이거든."

"열망, 기백……."

"플라톤 알지? 그리스에서 처음으로 이 티모스를 언급한 사람이 바로 플라톤이야. 플라톤은 영혼을 구성하는 세 가지 요소가 있다고 했어. 바로 욕망과 이성 그리고 또 하나, 티모스지."

"그래요? 플라톤이 한 말이라면 믿을 수 있겠군요."

말해놓고 보니 좀 이상하다. 나상준은 얼른 덧붙인다.

"아, 물론 원장님이 얘기하셔서 못 믿었다는 말은 아닙니다."

"그렇지? 흠흠. 살짝 기분이 나빠질 뻔했어. 흠흠. 플라톤이 말한 세 가지를 하나씩 보면 이런 의미가 있지. 우선 욕망. 배고픔을 채우려는 욕망이 모든 경제 활동의 출발점이지. 그다음은 이성. 이성의 힘이 있어야 합리적으로 욕망을 해결할 수 있지. 하지만 그것만으로는 부족해. 가슴에서 타오르는 '티모스'가 있어야 한다구."

유 원장은 눈앞에서 손가락을 하나하나 꼽아가며 설명했다.

"예를 들어 소년 다윗이 골리앗 앞에서 싸울 수 있었던 불굴의 정신력, 즉 기개는 티모스 덕분에 갖게 된 거야. 생각해봐. 외적에게 항복하고 그들이 던져주는 먹이만 받아먹는다 해도, 욕망은 채워지지? 위험도 피할 수 있고 말이야. 하지만 그러면 결국 어떻게 되겠어. 자존심을 버려야 하고 인간 대접을 못 받게 되지."

"그렇군요. 욕망과 이성 사이에 갈등이 생길 수밖에 없는 상황이네요."

"이때 티모스가 불같이 타올라야 해. 이성을 도와 욕망을 좋은 방향으로 이끄는 거지."

"예? 욕망을 좋은 방향으로 이끈다고요?"

"욕망은 기개가 강하면 그쪽으로 쏠리게 되어 있거든. 플라톤은 이렇게 표현했어. '혼 안에 내분이 일어나면 기개 높은 부분이 이성적인 부분을 위해 무기를 드는 것 같다.' 《국가》에 나오는 말이야."

"플라톤의 《국가》요? 그런 고전도 읽으세요?"

"에그 참. 이렇다니까, 글쎄. 이 책이 얼마나 재미있는지 모르지? 이번 기회에 읽어봐. 문장 하나하나가 다 보석 같다구. 클래식이 왜 클래식이게?"

유 원장은 신이 나서 읊어댄다. 나상준은 당장 가서 읽어봐야지 하는 오기가 은근히 발동했다.

"욕망만 남아 있고 합리적인 사고를 잃어버렸으며 기개는 퇴화한 것이 현대인의 문제점이지. 그래서 지금은 다윗처럼 티모스를 발휘해 향기를 내는 사람을 보기 드물어."

"듣고 보니 그렇군요."

"회사 같은 데서 일을 할 때도 재무적으로만 합리성을 따져서 모든 일을 처리할 수는 없잖아. 좌절을 겪더라도 필요한 일을 용감하게 실행에 옮기는 기백이 살아 있어야 조직이 발전하지. 이것도 이미 플라톤이 한 말이야."

사실 맞는 말이다. 합리적인 것만 따져서는 발전이 있을 수 없다. 그것은 개인만이 아니라 어떤 단체나 조직도 마찬가지일 것이다. 나상준은 잠깐 흘려들었던 티모스에 이렇게 깊은 뜻이 있구나 하는 생각을 하며 유 원장의 말에 계속 귀를 기울였다.

"플라톤이 생각한 티모스를 간단히 정리하면 '자신의 가치를 타인에게 인정받고자 하는 마음'이야. 여기서 '인정'은 단순히 남에게 칭찬받는 것만 의미하는 것은 아니라구. 가치와 존재에 대한 인정까지 포함하는 고차원적 인정이야. 이건 현대에도 적용되지. 정당한 인정을 받아야 일에 대한 기백과 용기가 생기지 않겠어? 조직의 일원으로 살면서 자신의 능력을 인정받기 위해 발휘하는 열정과 생명력, 성취욕, 용기가 다 티모스야. 티모스를 가장 적절하게 나타내는 영어 단어는 애스퍼뤠이션(aspiration)이지. 발음 괜찮았어? 이거 아주아주 중요한 거야. 중요하니까 계속 강조하는 거라구."

"티모스……. 인정받고 싶은 마음……."

나상준은 꼭 기억하겠다는 듯 나지막이 중얼거렸다.

"그런데 여기서 꼭 알아야 할 게 하나 더 있어."

구구단 외우는 아이처럼 중얼거리던 나상준은 잠깐 당혹스러워하는 빛을 보였다. 암기할 게 너무 많아지는 것이다!

"티모스가 과도하게 불타올라도 문제고, 너무 위축되어도 문제라는 거지. 당신 자신을 한번 되돌아 봐. 그동안 당신을 지탱해준 힘은 남보다 앞서려는 성취욕과 인정 욕구였잖아. 근데 그게 너무 심해지면 성취에 눈이 멀어서 비윤리적인 행동도 서슴지 않게 되고, 자기가 필요할 때만 남을 찾고 이용하려고 들지. 이걸 티모스 비대증이라고 해."

나상준은 얼마 전 본부장 승진에 눈이 멀어 정리해고를 자임했던 모습을 떠올렸다. 그땐 정말 왜 그랬을까. 지금 유 원장의 설명대로라면 자신의 티모스가 너무나 비대해져 있었던 셈이다.

"그 반대 상황은 어떨 것 같애? 브레이크가 걸려서 좌천을 당하고 아무도 자기를 보아주지 않으면 말이야. 긍지와 자부심은 무너지고 티모스는 콩알만 하게 쪼그라들지. 이게 바로 티모스 위축증, 당신의 현재 상태지."

나상준은 자신의 목 아래께를 손으로 더듬어보았다.

"티모스 위축증이라는 병명은 그래서 붙여진 거군요."

"그렇지. 흠, 역시 이해를 잘 하는고만."

"제 티모스, 설마 바싹 타버린 건 아니겠죠. 원장님?"

그 말에 유 원장이 빙그레 미소를 지었다.

"너무 걱정하지 마. 아직 살아 있어. 좌천된 이후 억울하고 화가 나서 잠도 못 자고 복수할 방법을 찾아 사방을 뛰어다녔지? 그게 다 티모스가 살아 있다는 걸 보여주는 거야. 티모스가 없는 사람은 아예 포기해버리거든."

"휴, 아직 다 말라버리지 않았다니 다행이네요."

나상준은 진심으로 그렇게 생각했다.

"티모스에 관한 에피소드 하나 들려줄까? 20세기 초에 말야. 가슴샘이 비대하면 호흡장애를 일으킨다는 학설이 등장했어. 그래서 예방 차원에서 가슴샘에 방사선을 쬐어 제거하기 시작했지. 그런데 세월이 흐른 뒤에 보니 그 사람들에게서 갑상샘암이 발견된 거야. 면역세포를 제거했으니 당연히 그럴 수밖에 없잖아? 흠흠. 정말 황당한 비극이라고 할 수 있지. 우리의 가슴샘, 이 티모스가 얼마나 중요한 역할을 하는지 몰랐기 때문에 그런 일이 생긴 거야."

"이건 뭐, 중세 유럽에서 충치에 안 걸리기 위해 아예 이빨을 싹 뽑았다는 왕 얘기만큼이나 황당하군요."

나상준이 경악스러운 표정으로 말했다.

"안타까운 게 또 하나 있어. 현대인들은 대부분 티모스가 퇴화되어 버렸지 뭐야. 열정과 용기를 자꾸자꾸 억누르기만 한다는 증거이기도 하지. 티모스를 부활시켜야 할 텐데……."

가슴팍을 만지던 나 팀장은 보이지는 않지만 복장뼈 안에서 고생하고 있을 티모스가 안쓰러워졌다. 그러다 갑자기 여기 온 목적이 생각났다.

"그런데 이걸 우리 팀을 살리는 데 어떻게 써먹죠?"

"어쩌긴 뭘 어째. 당신과 팀원들의 티모스를 모두 예뻐해 주면 되지. 다만, 무조건 키우는 게 좋은 건 아니라는 건 알고 있지? 우리 스스로 때에 따라 중불로 혹은 약불로 티모스를 조절하는 지혜가 있어야 해. 점점 더 세게만 외치면 우리의 몸과 마음을 집어삼켜 버리거든. 자, 그럼 오늘의 과제를 내주겠어요! 팀의 티모스를 활성화시킬 것. 아직 신참에 불과한 팀원들의 티모스를 살려 진정한 전투병으로 거듭나게 할 것."

"사실 아직도 잘할 자신이 생긴 건 아니에요. 팀원들도 같이 회식을 하긴 했지만 아직 잘 어울리지 못하고 있어요. 아마도 각자 마음속으로 두려움을 품고 있기 때문 아닐까요? 저만 해도 잘될 거라는 희망이 샘솟다가도 어느 순간 두려운 마음이 불쑥 올라오니까요."

나상준은 솔직한 심정을 털어놨다. 그러자 유 원장이 갑자기 의자를 앞으로 바짝 당기더니, 그에게 귀를 대보라는 손짓을 한다. 얼결에 귀를 가까이 가져가자 그가 뜨거운 입김을 뿜어대며 속삭인다.

"내가 비밀 하나 알려줄까? 누구든 새로운 시작 앞에선 설렘과 두려움이 함께하는 거야. 이게 좌천 팀이라서가 아니야. 뭐든 그렇잖아. 당신도 잘 생각해봐. 입사 초기 진짜 속마음이 어땠었어?"

하긴 생각해보니 뭐든 새로운 시작 앞에선 두 가지 마음이 공존했다. 입사 때가 그랬고 결혼이 그랬으며 첫아이가 태어났을 때도 그랬다.

"우선 팀원들의 티모스가 어떤 상태일까 그것부터 가만히 생각해봐야 해. 혼자만 뛰어다니지 말고, 어떻게 하면 팀원 모두가 함께 불타오를지 자나 깨나 고민해야지. 각개전투가 아니라 공동의 목표를 위해 함께 뛸 것. 알았지?"

팀원 한 명 한 명의 티모스를 살려내는 것, 그리하여 팀원의 티모스를 적절히 불타오르게 하는 것. 나상준은 조금은 정리가 되는 듯했다. 그러기 위해서는 팀원들의 마음에 자리 잡고 있는 두려움을 몰아내는 것이 가장 급한 일이다. 작더라도 공동의 목표를 이뤄내는 성공의 경험이 절실히 필요하다. 그러려면 내가 어떻게 해야 하지?

"오늘도 내가 멋진 말 하나 가르쳐줄까? '시간이 해결해준다는 말이 있긴 하지만, 실제로 일을 변화시켜야 하는 것은 바로 당신이다.' 어때? 당신이 먼저 바뀌어야 해. 그것도 뼛속까지. 그래야 팀원들도 바뀐다고."

그래, 멋지게 달려보는 거다. 다 함께.

마라톤

"이런 늑대 같은 놈!"

노혁재는 화가 머리끝까지 솟구쳐 자기도 모르게 소리를 꽥 질렀다. 나상준이 팀원을 두 명이나 빼갔기 때문이다. 도대체 어떤 지능적인 사탕발림으로 능력 출중한 장민주와 도영재를 데려간 걸까? 하긴 그들이 꼭 사탕발림에 넘어갔으리라고 볼 수는 없었다. 아마도 자신들이 선택했을 것이다. 그 누구보다 판단력 뛰어난 장 대리가 나상준을 선택했다는 점에서 어쩔 수 없이 심한 열등감이 밀려왔다. 게다가 도영재는 내일 바로 사표를 던질 것처럼 하더니 나상준과 손을 잡았다. 완전히 무시당한 기분이다. 어디 두고 보자. 노혁재는 속으로 이를 부득부득 갈았다.

무더위가 기승을 부리는 한여름은 에어컨이 불티나게 팔리는 시즌이다. 광고계에선 그 시즌이 한두 계절 먼저 시작된다. 언제나 그랬듯 화성전자와 목성전자의 숨 막히는 격전이 펼쳐지고 있었다. 에어컨 시장을 두 회사가 거의 장악하고 있기에 소비자들은 두 회사의 상품 중 하나를 골라야 했다. 비슷한 가격, 비슷한 디자인, 비슷한 성능의 아이 추워 에어컨과 씽씽 에어컨 중 하나를 말이다. 짜장면이냐 짬뽕이냐에 버금가는 갈등이 시작되는 것이다.

이럴 때는 인상적인 광고가 소비자의 마음을 움직이는 결정적인 한 방이 되어준다. 에어컨 광고에서 가장 관건은 바로 모델. 결국 광고회사에선 잘나가는 모델을 섭외하는 능력이 가장 중요해진다. 이후기획은 3년째 화성전자를 광고주로 두고 있었다.

"이번에 무슨 일이 있어도 김연하를 잡아야 해. 에어컨 광고로 빙상의 요정보다 더 좋은 선택이 어디 있어. 무조건 김연하야. 알겠지, 노 팀장?"

분명 목성전자의 광고를 맡은 대행사에서도 그녀를 잡으려고 혈안이 되었을 거다. 박무상 본부장은 노혁재에게 경쟁사들보다 선수 치라고 재차 강조했다.

"네, 본부장님. 노력하겠습니다."

노혁재가 결의에 찬 목소리로 답했다. 반면 본부장은 함께 회의실에 앉아 있는 나상준에게는 눈길조차 안 주었다. 찬밥신세가 어떤 때 쓰이는 말인지를 나상준은 온몸으로 체험하고 있었다.

"우리 팀에서 먼저 김연하를 섭외할 수 있는 작전을 짜보자고!"

4팀은 라이벌인 1·2팀을 제치고 김연하를 사로잡기 위해 야심차게 브레인스토밍을 시작했다. 상사가 지시하면 하달되는 식의 일 처리가 아니라 함께 머리를 맞대고 아이디어를 모아 팀의 작품을 만들기 위해서다. 화성전자 역시 그동안 나상준이 주도적으로 관리해오던 광고주였다. 이번에도 분명히 자기를 믿고 일을 맡기려고 할 것이다.

"화려하고 감동적인 은퇴를 한 후이니, 아무래도 광고를 선택하는 데 더 까다롭지 않겠어? 홍 과장은 어떻게 생각해요?"

힘을 줘서 내민 건지 원래 그만큼 나온 건지 분간이 되지 않을 만큼 불룩 솟은 배를 테이블에 턱 걸친 채, 홍 과장은 뭔가 다른 생각에 골몰해 있었다. 맘이 콩밭에 가 있다가 나상준이 부르니 화들짝 놀라는 모습이 역력했다. 새 팀이 꾸려지고 처음 하게 된 브레인스토밍인데, 어쩜 저리도 달라진 게 없을까.

"네, 네? 팀장님. 죄송한데 지금 뭐라고……."

나상준은 겨우 잠재워두었던 분노가 다시 부글거림을 느꼈다.

"아, 진짜. 홍 과장, 집에 두고 온 떡 생각하는 거예요? 긴장 좀 하라고, 긴장! 어휴."

아니지, 내가 이러면 안 되지. 나상준은 어제 유 원장 앞에서 손으로 더듬어보았던 티모스 자리를 다시 쓸어내리며 마음을 진정시키기 위해 애썼다.

"아니, 그러니까 내 말은 김연하의 마음을 사로잡을 시안으로 어떤 게 좋을지 각자 자기 생각을 말해보자는 거지요."

"저야 뭐, 글쎄요. 허허."

역시 사람은 쉽게 변하지 않는 종인가 보다. 입사 이래 나상준은 홍 과장이 회의 석상에서 의견을 내놓는 걸 한 번도 본 적이 없다. 나상준은 체념한 듯 장 대리 쪽으로 시선을 돌려버렸다.

"지금의 일상을 보여주는 건 어떨까요? 잔잔하게, 그렇지만 땀 흘리며 치열하게 제2의 인생을 설계하는 모습이요. 사람들이 모두 김연하의 일상을 궁금해하잖아요."

나상준의 입가에 미소가 번질 찰나 그의 표정을 잽싸게 포착한 김 대리가 빠르게 입을 열었다.

"아 참, 제 말이 그 말입니다. 저도 지금 그 생각을 하고 있었는데 장 대리님은 어떻게……. 설마 독심술?"

모두 어이없어 픽 웃고 말았다.

"그런 건 보일러 광고에 더 어울리죠. 치열이라니 생각만 해도 더워 보이잖아요. 에어컨은 조금 비현실적이어도 극적인 한 방이 더 중요하죠. 또 포커스가 빗나갔다는 점도 짚어야겠군요. 지금은 광고를 볼 소비자가 중요한 게 아니죠. 모델이 섭외에 응할 만한 안이냐, 이걸 생각해야 하지 않습니까?"

반쯤 누운 듯한 자세 하며 시니컬한 말투가 영 거슬린다. 도영재 말이다. 하지만 정곡을 찌른 반론임은 분명하다.

"그래, 일리 있어. 브레인스토밍이란 게 이런 거지. 뭐든 생각나는 대로 다 꺼내놓고 이견을 좁혀가는 거."

"제 말이 그 말입니다. 사실 저도 장 대리님 아이디어가 좋긴 한데 김연하가 보여주고 싶은 게 그것일까 하고 고민 중이었던 겁니다."

"헐! 김 대리님, 대애박!"

신미정이 놀란 표정을 짓더니 이내 킥킥댔다. 웃겨 죽겠나 보다. 신미정은 팀의 경리 업무를 맡고 있지만, 팀원 수가 너무나 적다는 걸 알아서인지 회의 자리에도 꼬박꼬박 참석하는 열의를 보여온 터다.

한편 노혁재 팀장 역시 머리를 싸매고 김연하 모셔올 궁리에 빠져 있었다. 예전보다 더 우아하게 가야지. 김연하도 이제 후배들 눈이 있으니 발랄한 것보다는 우아한 쪽을 원하지 않겠어? 모델비며 촬영 조건도 까다롭게 제시하겠지? 아무렴, 김연한데. 우리 쪽에서 무조건 맞춰주겠다고 숙이고 들어가는 수밖에. 그는 혼자 중얼대며 결론을 내렸다. 그래, 무조건 우아하게 가는 거다.

"야, 너. 대가리는 폼으로 달고 다니냐? 우아의 사전적인 의미가 뭔지 알고 접근한 거야? 엉?"

"아니, 그러니까. 그게⋯⋯."

"어휴, 너네 엄마도 너 같은 머저리 낳고 미역국을 드셨다는 게 믿어지지 않는다, 으이그."

노혁재는 욕심이 과해지자 자기도 모르게 팀원들을 들들 볶게 되었다. 할 말 못할 말 가리지 않았다. 어떻게든 이번엔 전설적인 안을 만들어내야 했다. 팀원들은 모두 머리를 쥐어뜯으며 아이디어를 짜냈다. 도대체 우아한 기획안은 어떤 걸 말하는 걸까? 밤낮으로 써도 퇴짜를 놓는 노 팀장 때문에 다들 죽을상이 되어갔다.

노혁재는 팀원들이 써온 기획안을 훑어보고는 계속 "디벨롭"을 외쳤다. 더 발전시켜 오라는 뜻이다. 아무리 봐도 어딘가 어설펐다. 그는 이참에 자신의 능력을 완벽하게 보여줄 셈이었다.

나상준 팀이 먼저 기획안을 완성했다. 몇 번의 브레인스토밍 끝에 평소 그만의 색깔대로 짧고 간결하게, 하지만 임팩트 있는 기획안을 만들어냈다. 장 대리의 센스 있는 카피 몇 가지와 나상준식의 강렬함이면 충분하다고 믿었다.

여전히 사내에서는 비밀에 부쳐진 채 1·2팀과 4팀의 기획안이 김연하 쪽으로 전달되었다. 과연 김연하는 어느 팀에게 맘을 열까? 둘 다 탈락하면 어떡하지? 모두가 숨을 죽인 채 그녀의 간택을 바라고 바랐다.

"팀장님, 팀장님…… 어떡해용. 김연하가 저쪽 팀의 기획안을 보고 감동의 눈물을 흘렸대요. 정성이 대단하다고용."

"뭐, 뭐? 정성?"

"기획안을 무려 서른 장이나 썼대요."

"뭐어? 서른…… 장?"

나상준은 너무 놀라 말까지 더듬었다. 소식통 신미정의 말에 의하면 노혁재 팀은 김연하의 어린 시절부터 지금까지의 일대기를 샅샅이 조사해 장문의 드라마를 써내려갔다고 한다. 그간의 일들을 파노라마처럼 스치게 하며 마지막 무대 장면을 연출하겠다는 콘셉트였고, 이를 설명하기 위해 무려 서른 장의 스토리를 만들어냈다는 거다. 그녀는 어쩌면 이렇게 자신에 대해 꼼꼼하게 알고 있느냐며 정성에 감동한 나머지 눈물을 뚝뚝 흘렸다고 한다.

어떤 기획안도 맘에 쏙 들지 않자 고민에 빠진 노혁재가 결국 팀원들이 제출한 기획안을 토대로 직접 감동의 대서사시를 쓰자고 아이디어를 냈다. 어딘가 살짝 부족한 기획안들을 그러모아 밤을 새워가며 최루성 소설을 써내려간 그의 정성이 김연하를 울린 거다.

"역시 이후기획이 해낼 거라 믿었어, 껄껄."

김연하를 광고 모델로 섭외하는 데 성공하자 화성전자 광고부의 김 부장은 입이 아주 귀에 걸렸다.

"그런데 이번에는 나 팀장의 작품이 아니라면서?"

"예예. 노혁재 팀장이라고, 이제 막 떠오른 샛별입니다. 하하."

박무상 본부장이 노 팀장을 치켜세우자 그가 벌떡 일어나 허리를 90도로 꺾었다.

"노혁재 팀장입니다. 잘 부탁드립니다."

"음, 앞으로 잘해보자고."

김 부장이 흡족한 미소를 지으며 답했다.

김연하 섭외 사건 이후 나상준은 설 자리가 더 좁아졌다. 본부장은 회의 때 나상준을 아예 부르지도 않았다. 있어도 없는 팀, 4팀은 그렇게 노골적으로 무시당하기 시작했다.

나상준은 또다시 밤에 잠이 오지 않았다. 바닥을 쳤던 몸과 마음이 평정심을 되찾으면서 약 처방은 받지 않아도 되었는데, 다시 상태가 급격히 나빠졌다.

무엇이 잘못된 것일까? 어쩌면 자기보다 노혁재가 팀원들의 티모스를 더 잘 끌어낸 게 아닌가? 소식통 신미정에게 듣자니, 노혁재는 적당한 선에서 타협하지 않았다. 기획안이 맘에 들 때까지 "다시!"를 외쳤다. 팀원들이 마지막 남아 있는 아이디어 한 방울까지 짜내도록 몰아갔으며, 그 스스로도 결코 자신과 타협하지 않고 최선의 것을 만들어내기 위해 끝까지 갔다. 그리고 결국 노혁재는 승리했다.

그럼 우리 4팀은 무엇을 했나? 모두의 아이디어를 모으기 위해 여러 번의 브레인스토밍 시간을 가졌다. 홍 과장과 김 대리 그리고 신미정에게는 아직까지 기대할 만한 게 없었지만 서두르지 않기로 했다. 도영재와 장 대리의 아이디어를 적극 수렴했고, 그것을 바탕으로 기획안을 만들었다. 예전처럼 팀원들에게 명령조로 얘기하지 않으려고 무진장 노력했다. 그럼에도 왜 팀의 티모스를 살리지 못한 걸까.

나상준은 혼란스러웠다. 갑자기 맥이 탁 풀리면서 정말이지 손가락도 까딱 하기 싫어졌다. 그냥 모든 걸 관둬버릴까……

나상준은 또다시 웅덩이처럼 깊게 팬 눈으로 유인정 원장을 찾았다. 늘 그렇듯이 진료실에서 목소리가 흘러나왔다.

"그 직원은 말이야. 인정받고 싶은 욕구가 아주 강한 스타일인 게 틀림없어. 그럴 땐 리더가 반응을 해줘야 해."

"저는 묵묵히 일 잘하는 사람이 좋습니다. 누가 인정해주든 말든 알아서 하는 직원요."

올 때마다 상담 중인 걸 보면 실력 있는 의사인 건 맞나 보다. 나상준은 기다리기가 무료해서 병원을 휘휘 둘러보며 그런 생각을 했다.

"그렇지 않아. 그 직원을 잘 다독여주고 인정해주면 부장님이 일하기가 훨씬 편해질걸? 아랫사람을 인정해주는 것이 얼마나 중요한지, 일화 하나를 소개해줄게. 제법 큰 회사였는데 말이지. 어떤 사람이 부서장으로 발령이 났어. 근데 거기서 암초 같은 아랫사람을 만나고 만 거야. 부장님과 같은 상황이었던 거지. 왜 거 있잖아. 다들 산으로 가자는데 혼자서 바다로 가자고 끝까지 우기는 사람 말이야. 그런데 알고 보면 그렇게 삐딱선 타는 사람이 사실 능력도 좋고 인정받고 싶은 욕구도 강한 경우가 많잖아. 그 직원도 그런 경우였어. 티모스가 왕성한데, 다만 그 방향이 부서장하고 잘 맞지 않았던 거야. 전임 부서장은 그 직원의 티모스를 잘 달래주지 못한 거지. 그러니 그 직원이 삐뚤어질 수밖에. 그래서 말야. 이대로는 안 되겠다 싶었던 신임 부서장은 그 직원을 불러 이렇게 얘기했대."

"뭐라고요?"

"'김 과장, 나는 자네의 열정을 사고 싶네. 내가 회의를 해보니 우리 부서에서 창의적인 아이디어를 낼 사람은 김 과장밖에 없더군. 아까 회의 시간에 잠깐 얘기한 거, 한 페이지 적어서 주면 내가 찬찬히 검토해보고 싶네'라고 말이야. 그랬더니 다음 날 어떤 일이 일어났는지 아나? 두둥!"

"어떤 일이 일어났는데요?"

"아, 글쎄 그 김 과장이 부서장에게 수십 페이지짜리 두툼한 포트폴리오를 주면서 이렇게 말했다지 뭐야. '제가 이제야 주군을 만난 것 같습니다. 앞으로 충성을 다하겠습니다.' 어때?"

헉, 듣고 있던 나상준의 팔에 소름이 오소소 돋았다. 정말 부러운지고.

"그다음부터는 어떻게 했을까? 부서장은 회의 자리에서 김 과장이 말하면 바로 칭찬을 해줬어. 공개적으로 말야. 그래서 지금은? 지금은 김 과장이 그 회사를 먹여 살린다구. 음, 거짓말 쪼끔 보태서. 히히. 그러니까 내 말은 그 암초 같던 김 과장이 지금은 회사에서 큰 역할을 하고 있단 뜻이야. 그러니까 부장님도 이제 팀원들의 티모스를 적절히 불태울 방법을 생각해보라는 거지. 티모스는 타인의 인정을 먹고 산다구. 계속 인정해주고 칭찬해주면 거기에 맛을 들이게 돼. 티모스가 살아나면 세상이 긍정적으로 보이고 괴력을 발휘하게 돼."

잠시 후 진료실에 들어서니 유 원장이 씩씩대면서 샌드백을 치고 있었다.

"어, 일찍부터 웬일이야. 원, 투, 훅."

"아침부터 기운도 좋으시네요. 전 걸을 기력도 없는데."

"한동안 휴화산인 것 같더니 왜 또 타올랐어? 라이벌 팀한테 개박살 났어?"

어휴, 정말. 하고많은 낱말 중에 '개박살'이 뭐야. 하긴 그것만

큼 적당한 말도 드물지만.

"저어기 인사동 근방에다 돗자리 까세요. 세금도 안 낸다던데 그게 더 낫지 않나?"

"히히, 그럴까?"

나상준은 궁지에 몰리다 못해 아예 자리를 뺄 위기에 처했다는 이야기를 유 원장에게 털어놓았다.

"마지막 한 방울까지 짜냈다고? 그러면 라이벌 팀은 다 말라비틀어져서 더는 나올 게 없겠네, 뭐. 당신 팀은 아직 퍼낼 게 많잖아, 안 그래? 그나저나 또 분노가 머리끝까지 차오르셨군. 성질 좀 죽이라니까, 글쎄. 자, 심호흡 좀 하자구. 마침 좋은 음악을 다운받았어."

그는 인도의 명상음악이라며 차분한 음악을 들려주었다. 나상준은 두 눈을 감았다. 유 원장 말이 맞다. 아직 시작일 뿐이다. 팀이 만들어진 지 고작 두 달이 지났을 뿐이다. 그럼에도, 그걸 알면서도 맘이 쉽게 진정이 안 된다. 불안하고 초조하다.

"자, 책을 좀 읽어줄게. 《일리아드》에 나오는 아킬레스의 대사야. 흠흠. '아가멤논이 나를 분노케 해 가슴에서 연기가 타올랐지만 우리는 지나간 것들은 지나간 대로 내버려둘 것이다. 과거는 과거일 뿐이니까. 그리고 우리는 우리의 티모스를 고요히 진정시킬 것이다.' 캬, 죽이지 않아? 정말 명문이라니까. 티모스를 '가슴에서 타오르는 연기'라고 표현하다니 말야. 자, 이제 당신을 열받게 한 라이벌과 하이에나는 잠시 잊고, 티모스를 달래주라구. 티모스는 너무 위축돼도, 비대해도 안 된다고 수차례 얘기했잖아. 물론, 그게 생각만큼 쉽게 되진 않을 거야. 머리랑 가슴이 따로 놀겠지."

'티모스는 무엇인가를 하도록 움직이는 힘이다. 미래에 대한 열망이 바로 여기 있는 거고……. 내 복장뼈에는 구멍이라도 났던 걸까? 나의 열정은 티모스에서 흘러나와 어디론가 사라져버렸다.'

나상준은 유 원장의 말을 꿈결처럼 들으며 생각에 빠졌다.

"……. 그러게 내가 뭐랬어. 체력관리가 중요하다고 했잖아. 몸이 받쳐주면 티모스 조절이 훨씬 쉽다고. 분노가 나를 치면 결국 쓰러지는 건 나라니까? ……. 흠흠. 자는 거야?"

혼자 떠들기가 심심했나 보다. 나상준은 천천히 눈을 뜨면서 대꾸했다.

"자긴요. 이제부터 엘리베이터 대신 계단으로 다닐랍니다. 다리 운동 좀 해야겠어요."

"그러지 말고, 마라톤 한번 뛰어보는 건 어때?"

갑자기 뜬금없이 웬 마라톤?

"예?"

"내가 작년 가을에 마라톤 대회에 나가서 난생처음 완주를 했는데 말야. 그때의 감동을 아직도 잊지 못해요. 캬아~."

유 원장이 두 눈을 감고 그때의 감동을 음미하듯 읊조리며 자기 가슴께를 손으로 툭툭 두드렸다.

"원장님이 마라톤을 뛰셨다고요? 상상이 잘 안 됩니다만."

이런 의심을 여러 번 받았는지 유 원장은 나상준의 말이 채 끝나기도 전에 자신의 스마트폰을 불쑥 내밀었다. 액정 속에서 머리에 띠를 두르고 환하게 브이 자를 그리고 있는 저 사람, 유 원장이 맞다. 티셔츠에도 마라톤 대회라고 선명하게 적혀 있다. 어라, 진짜가 보네?

"이거 완주면 40킬로미터가 넘는 거리 아니에요?"

"맞아, 초보자에게 완주는 힘들지. 평소에 러닝머신 위에서라도 틈틈이 연습하다가 하프 마라톤이라도 한번 뛰어봐. 분명 달라지는 게 있어. 확, 실, 해. 죽도록 뛰었는데 아무것도 느끼지 못하면 어쩔 거냐고? 그때는 내가 진료비 몽땅 돌려줄게. 진짜야."

휴, 할 일도 태산인데 마라톤이라니…….

"생각해볼게요."

답변이 흡족하지 않았던 듯 유 원장이 다시 한 번 강조했다.

"당신부터 바뀌어야 한다고 얘기했잖아. 당신이 자신을 인정하지 못하는데 어떻게 팀원의 티모스를 살리겠어. 괴테도 말했지. '자신을 믿어라. 그러면 살아가는 법을 깨닫게 된다.' 당신 자신의 티모스부터 살려야 해. 그렇게 하는 데 마라톤이 크게 도움이 될 거야. 당신이라면 충분히 해낼 수 있다니까."

"선수들 입장해주시기 바랍니다."

일단 해보자 하는 심정으로 한강 마라톤 대회에 참가신청을 했다. 덜컥 신청부터 해놓고 틈나는 대로 러닝머신을 뛰었다. 마라톤 대회에 나간다니 유 원장은 아이처럼 팔짝팔짝 뛰며 좋아했다.

"잘했어, 잘했다구우. 완주에 대한 강박을 버려. 그냥 오감을 열고 주변의 모든 걸 티모스로 느끼기만 하면 돼. 파이팅!"

생애 첫 마라톤. 20킬로미터 하프 코스. 가슴이 두근댄다. 주변을 둘러보니 자기보다 나이 들어 보이는 중년 남자들이 꽤 많다. 다들 표정이 비장하다.

"탕!"

출발 신호와 함께 가볍게 뛰기 시작했다. 아직은 차가운 바람이 종아리를 훑고 지나간다. 발걸음이 가볍다. 이렇게 상쾌한 것인 줄 진작 알았다면!

하지만 한 시간 뒤에 그는 생각이 완전히 달라졌다. 후터분한 바람이 얼굴을 뒤덮고 숨이 턱 끝까지 차오르는 게 완전히 미칠 노릇이다. 아, 이런! 왜 이렇게 힘들어? 이거야말로 자학 행위 아냐? 에라, 여기서 그만둬버릴까? 역시 유 원장 말을 믿는 게 아니었어. 두 다리에 힘이 쭉 빠진다. 아이고, 나 죽네. 나상준은 점점 선수들 무리에서 뒤처지고 있었다.

그때다. 어디서 왔는지 중학생 정도로 보이는 여학생들이 삼삼오오 모여 응원을 해주었다.

"아저씨, 오빠, 힘내세요!"

"꺄오, 멋져요!"

오빠라는데, 상남자 나상준, 여기서 뛰지 않고 걸으면 모양이 안 살잖아? 힘을 내서 그들을 향해 씩 웃어줬다. 그리고 두 다리를 다시 굴렀다.

"고맙다. 예쁘네, 다들."

"깔깔깔. 오빠도 멋져요."

예쁘다는 칭찬이 제일 듣기 좋은지 학생들이 웃음을 터뜨렸다. 그러더니 팔을 위로 쭉 뻗어 하이파이브 자세를 취했다. 그들과 짝, 소리가 나게 손바닥을 부딪치고 나니 기운이 다시 솟았다. 그래, 더 뛰어보는 거다. 마침 음수대도 보인다. 살았다. 물로 목을 시원하게 축였다. 감로수가 따로 없다.

30분 뒤. 온몸에 비 오듯 땀이 쏟아지고 다시 방전 상태에 이르고 말았다. 숨이 절로 헉헉거리고 목이 쩍쩍 갈라지고 양 무릎이 툭툭 꺾이는 게 죽을 것만 같다. 여기서 쓰러지면 아까 대기하고 있던 119가 달려와 나를 실어가겠지? 머리가 어질어질하다.

그때 하늘이 도운 것처럼 워터샤워기가 짠하고 나타나는 게 아닌가. 아, 물방울 세례다. 정신없이 샤워기 앞으로 몸을 들이댔다. 방울방울 뿜어져 나오는 물방울이 얼굴로, 어깨로, 배로, 두 다리로 떨어진다. 순간 뭐라 말로 형언할 수 없는 황홀감이 온몸을 쭉 훑고 지나갔다. 미칠 듯 달리다 쓰러질 것 같다고, 더는 버틸 힘이 없다고 주저앉으려는 찰나에 맞게 되는 이 짜릿함. 그래, 이대로 쓰러질 수 없지. 조금만 더 달리면 완주잖아?

5분 뒤, 세상이 달라 보이기 시작했다. 사람들의 숨소리가 들린다. 그랬다. 혼자가 아니었다. 포기하지 않게 도와준 사람들의 에너지가 있었다. 남편을 응원하기 위해 나왔을 아내와 유모차에서 새근새근 잠들어 있는 천사 같은 아기, 힘내라 응원해주던 생기 넘치는 여학생들, 함께 뛰던 중년 선배들의 힘찬 표정과 눈빛 덕분에 끝까지 달릴 수 있었던 거다. 강변의 물소리는 얼마나 우렁차고 두 볼에 닿는 바람의 촉감은 얼마나 보드라운가. 이제야 들리고, 보이고, 느껴지는 것들. 더불어 살아 있다는 것에 대한 고마움, 안도감과 함께 결승 테이프가 눈에 띄었다. '해냈다'라는 성취감으로 가슴이 뜨겁게 벅차올랐다.

종착지인 잠실 호수공원의 화장실 안은 마라토너들로 그득 차 발 디딜 틈도 없었다. 땀을 몇 대야는 족히 흘린 터라 그대로 집으로 돌아갈 순 없었다. 불편하지만 화장실에서라도 땀을 닦아내야 했다. 드디어 자기 차례가 되자 그는 콸콸 쏟아지는 물을 두 손으로 받아 얼굴을 몇 번씩 씻어냈다. 다리의 땀도 닦았다. 그러곤 스윽 고개를 들어 세면대에 걸린 거울 속 얼굴을 보았다. 땀과 물에 젖어 후줄근한 모습이다. 하지만 표정 하나만큼은 백만 볼트짜리 전구처럼 빛난다. 나상준, 역시 멋져. 장하다. 스스로 생각해도 대견한 나머지 씨익 웃으면서 돌아선다. 그런데 웬일인지 자기 모습을 다시 한 번 거울에 비춰보고 싶었다. 다시 뒤돌아서 거울 속 얼굴을 본다. 오른손으로 가슴을 툭툭 친다. 그러다 가슴과 목 사이께로 손을 가져간다. 바로 여기는……, 그래, 티모스다!

"저기요, 다 씻었으면 빨리 나오셔야죠. 줄 선 사람들 안 보여요?"

"아, 죄송합니다."

순간 머쓱해진 나상준은 재빨리 화장실을 빠져나왔다.

집으로 돌아오는 차 안, 휘파람이 절로 나왔다. 이런 기분 도대체 얼마 만이지? 순간 유 원장의 목소리가 들려왔다.

"당신 자신부터 인정해야지. 스스로도 인정하지 못하는데 어떻게 팀원들을 인정해주나?"

아하, 유 원장이 마라톤을 해보라고 한 이유가 바로 이거였구나. 그래! 이대로 무너질 순 없다. 패자부활전의 시작이다.

THYMOS

CHAPTER 3
단서를 찾다

자신의 기운을
북돋우는 가장 좋은 방법은
다른 사람의 기운을
북돋아 주는 것이다.

마크 트웨인

패자부활전

"팀장니임, 우린 이제 무슨 일 하나요? 잉잉."

월요일 아침, 사무실로 들어오자마자 신미정이 징징댔다.

"걱정 말라고. 우리 팀은 절대 없어지지 않아. 내가 직접 일을 따올 테니 초조해하지 말고 며칠만 기다려. 그동안 스터디할 걸 줄게."

나상준은 유 원장에게서 받은 자료와 그간 틈틈이 모은 티모스 관련 정보를 스크랩해왔다. 그걸 팀원 수대로 복사해 돌렸다.

"티모스? 맘모스빵 같은 건가용?"

신미정의 천진난만한 질문에 모두가 킥킥댔다. 분위기가 완전히 죽은 것은 아닌 듯해 나상준은 안심이 되었다. 막내가 제법 자기 역할을 톡톡히 해낸단 말이야.

"잘 읽어보고 공부해. 지금 우리에게 필요한 힘이니까. 나중에 확인할 거야."

나상준은 두 팔을 걷어붙이고 직접 광고주 발굴에 나서기로 했다. 서랍을 열어 그간 자기를 스티브 잡스라 치켜세우던 광고주들의 명함을 모두 꺼냈다. 일이 잘될 때는 술자리에서 형님, 아우 하던 사이였지만 일이 틀어지면 더는 볼일이 없는 남남. 그것이 갑을 관계의 실체였다. 나상준이 담당하던 광고주 중 일부는 계약기간이 만료된 후 재계약을 하지 않은 곳도 있었고, 관계가 이어지는 광고주들은 모두 노혁재 팀이 담당하게 되었다. 그걸 하나하나 따지고 있자니 기운이 쭉 빠졌지만 뭐, 괜찮다. 이제 더는 혼자의 몸이 아니잖은가. 어제 마라톤을 하면서 들었던 사람들의 숨소리가 다시 귓가에 전해지는 것 같다. 그래, 나에겐 함께 갈 팀원들이 있다. 팀장으로서 이들에게 약속한 것을 반드시 지킬 것이다. 1년 안으로 무조건!

워터샤워기의 물방울 세례를 받을 때처럼 다시금 투지를 다지던 순간, 성형안경그룹 양재형 부장의 명함이 눈에 들어왔다. 회사를 관두고 장모님과 함께 김치 사업에 뛰어들었단 말을 들은 적이 있다.

'그래, 일이 없으면 일을 만들어야지. 기회는 붙잡는 게 아니라 만드는 거라고 했어.'

그는 심호흡을 한 번 한 후 휴대폰을 들었다.

"어서 오게. 보다시피 사업장이라고 해봐야 코딱지만 해."

물건을 주문받는 전화와 노트북이 놓인 책상 하나를 제외하곤 박스만 가득한 작은 오피스텔이었다. 서울에서 주문을 받아 장모님이 계신 시골에 오더를 넣으면, 그곳에서 김치를 담가 직배송하는 시스템이었다.

"부장님, 아니, 이제 사장님이시네요. 사장님, 사업은 잘 되세요?"

"이제 시작인걸 뭐. 입소문으로 알음알음. 장모님께 재룟값만 겨우 드리는 정도야."

"광고 한번 해보실 생각 없으세요? 저희가 홍보기사도 시선을 확 끌게 써드릴게요."

"나 팀장 광고 실력은 내가 잘 알지만, 그럴 형편이 안 돼."

"아, 예. 그나저나 김치 맛 좀 볼 수 있을까요?"

"김치? 우리가 먹는 게 냉장고에 있긴 하지. 어떤 걸로 맛볼 텐가? 백김치, 총각김치. 묵은지도 있어."

"유부남 김치는 없나요? 하하."

"하나 만들까? 하하."

"앗, 사장님! 저한테 기막힌 아이디어가 떠올랐습니다. 제가 책임지고 연매출 세 배로 올려드릴 테니 저한테 광고 맡기시죠."

"티모스 공부 좀 했나?"

다음 날 출근하자마자 나상준은 의기양양하게 외쳤다. 본격적인 더위가 시작되지도 않았는데 요 며칠 후덥지근하다. 그의 와이셔츠가 땀으로 흥건히 젖어 있었다.

"홍 과장?"

"허허, 글쎄요."

또 글쎄요란다. 당최 했다는 건지 안 했다는 건지, 끙.

"자, 그보다 먼저 우리 일부터 해야겠어. 모두 회의실로 집합!"

"그새 일이 생겼어요?"

장 대리가 놀란 듯 물었다. 나상준은 한쪽 눈을 찡긋 하며 어서 회의실로 모이라는 손짓을 했다.

"장모김치라는 회사의 김치 광고인데 내가 그럴듯한 이벤트를 제안했어. 백김치를 주문하는 처자랑 총각김치 주문하는 총각이랑 소개팅을 주선하는 거야, 어때?"

"그거 재미있겠네요. 근데 처녀가 총각김치를 살 수도 있잖아요?"

장 대리가 물었다.

"그렇지. 그래서 아예 처음부터 백김치는 처녀가 사도록, 총각김치는 총각이 사도록 유도할 참이야. 뭐 좋은 아이디어 없을까?"

나상준의 머릿속엔 이미 그럴듯한 아이디어가 있었다. 그렇지만 아직 자기도 모르겠다는 듯 질문을 던졌다. 시간도 없는 터라 혼자 밀고 나가고 싶다는 생각이 불쑥불쑥 들지만, 아무리 급해도 나의 일이 아닌 우리 팀의 일이 되어야 했다. 성격 급한 나상준으로서는 지금 필사적으로 노력하고 있는 거다. 이제 4팀의 티모스를 살려야 한다.

잠깐의 침묵을 깨고 도영재가 입을 열었다.

"다들 알려나 모르겠지만 백김치는 양념이 적어 칼로리가 낮아요. 그러니까 다이어트용으로 밀어붙이고, 총각김치는 부추를 많이 넣어서 정력에 좋다는 쪽으로 어필하면 자연스레 나뉘게 되죠."

역시 도영재다. 나상준의 아이디어와 정확히 일치했다. 남을 가르치듯 말하는 방식이 영 거슬리긴 했지만, 그건 차차 이야기해보기로 하자. 지금은 모두의 기를 팍팍 살리는 게 중요하니까. 그는 끝내주는 아이디어라며 도영재를 치켜세웠다.

"오호, 기발한 아이디언데? 역시 도영재 씨는 우리 팀의 아이디어뱅크야."

도영재가 별일 아니라는 듯 어깨를 으쓱해 보였다. 하지만 입가에 번지는 미소로 보아 기분이 좋아진 게 틀림없다. 역시 칭찬은 도영재도 춤추게 하는구나. 또 칭찬은 다 함께 있는 자리에서 하라던 유 원장 말도 도움이 되는군.

이때 장 대리가 아이디어를 더했다.

"카피 콘셉트는 '총각김치 백김치랑 바람났네' 어때요?"

"아니, 장 대리님은 제가 방금 떠올린 카피를 어떻게? 혹시 어젯밤 전기에 감염돼서 남자 속마음 읽는 능력이 생긴 거 아닙니까?"

또다시 아부왕 김 대리의 능청스러움이 시작되었다. 다들 낄낄낄.

"그나저나 팀장님은 어쩜 그렇게 두뇌회전이 빠르십니까? 이런 이벤트를 생각해내시다니요. 저야말로 이제부터 총각김치 열심히 먹어서 싱글 탈출해야겠습니다."

"김 대리도 김치 주문하고 한번 나가볼 테야?"

"아아, 아닙니다. 저는 이미 점 찍어둔 사람이 있습니다."

김 대리의 얼굴이 금세 붉어졌다.

"어머, 김 대리님. 설마 저는 아니겠죠? 꿈 깨세용, 호호."

진담인지 농담인지 알 수 없는 신미정의 호들갑에 김 대리 표정이 좀 묘했다. 그가 요새 누군가에게 꽂혔다면, 상대가 신미정이 아닌 것만은 분명해 보인다.

카피라이터의 꿈

　시안 만들기는 일사천리로 진행되었다. 비록 신문 하단 광고였지만 최선을 다해 만들 참이었다. 콘셉트는 이미 잡혔고 카피도 나왔으니 디자인만 잘 뽑아내면 되었다.

　"김 대리, 이참에 실력 좀 발휘해봐."

　나 팀장이 김영근 대리의 어깨를 두드리며 수차례 말했건만, 김 대리의 디자인 실력은 그야말로 꽝이었다. 그걸 바라보고 있는 장민주 대리의 얼굴이 종잇장처럼 구겨졌다. 번뜩이는 카피를 전혀 살리지 못하는, 판에 박힌 디자인이었다.

　디자인 수정과 함께 구체적인 이벤트안 회의를 하느라 밤늦게까지 녹초가 된 장 대리. 늦은 시각, 텅 빈 집으로 들어서자마자 옷도 갈아입지 않은 채 침대에 벌렁 드러누웠다.

　'남자는 여자 하기 나름이에요' 란 똑소리 나는 광고 카피에 맘이 설레던 시절이 있었다. '그녀의 자전거가 내 가슴속으로 들어왔다' 란 카피는 얼마나 시적이었던가. 당시 문학소녀였던 그녀는 그렇게 텔레비전 광고에서 눈을 떼지 못했다. 그리고 학교에서 조사하던 장래희망란에 조심스레 '카피라이터' 라고 적었다.

대학생이 된 그녀는 광고동아리에서 밤을 지새우며 광고를 만들고 카피를 썼다. 하고 싶은 일을 한다는 것 하나로 밤을 꼴딱 새워도 힘든 줄 몰랐고, 마냥 즐겁기만 했다. 그리고 드디어, 꿈에 그리던 카피라이터가 됐다. 하지만 카피는 낭만으로 쓰는 게 아니었다. 선배들은 늘 외쳤다. "전략적으로 쓰란 말이야, 전략적으로!"

직장생활 역시 낭만으로 하는 게 아니었다. 전략적으로 하는 것이었다. "현재의 자기와는 달라지고 싶은 동경, 그것보다 더 고통스럽게 인간의 심장을 불태우는 동경은 없지." 산도르 마라이의 《열정》을 읽다 이 구절을 접하고 심장에서 쿵 하는 소리를 들었던 그녀다. 하지만 손에 쥐는 책들에서 문학은 점차 사라졌다. 대신 '일로 남자 콧대 꺾어놓는 스무 가지 방법', '돈 벌래, 시집갈래' 같은 제목이 늘어났다. 거기에는 성공을 욕망하는 여자들이 알아야 할 직장 처세가 가득 담겨 있었다. 남자들과의 세계에서 낙오되지 않으려면 독해져야 했고, 누구도 흉내 내지 못할 자기만의 무기를 지녀야 했다.

그렇게 그녀는 점점 독하게 자기 위치를 지켜나갔다. 간혹 "무슨 여자가 저리 독하냐?"며 혀를 내두르는 남자들도 있었다. 그런 말을 들을 땐 속으로 화들짝 놀랐지만, 애써 태연한 척했다. 눈물은 아무도 없는 검은 방에서나 흘리는 거였다. 전쟁터에서 여자의 눈물이란 이제 더는 무기가 아니라 아마추어의 추태일 뿐이다.

"요즘 세상에 결혼으로 팔자를 뒤집을 수나 있니? 여자 팔자 뒤웅박 팔자란 말도 다 옛말이다. 너는 제발 엄마처럼 살지 말고 네 꿈을 위해 살아라."

장민주의 엄마는 그녀가 어릴 때부터 귀가 따갑도록 이렇게 말하곤 했다. 엄마 역시 그 시절에 대학까지 나왔지만, 결혼과 동시에 집안에 눌러앉아야 했다. 꿈이란 곳에 발도 못 담가보고 말이다.

"설거지가 미치게 하기 싫어 울고 싶은 기분, 그게 뭔지 넌 모를 거다. 절대 너는 그런 경험 하지 마라."

엄마는 딸만큼은 꿈을 위해 살기를 바랐다. 그래서 장민주도 그렇게 살아야 한다고 믿었고 일에 모든 걸 걸었다. 그러는 동안 자기 자리가 잡혔고 사람들이 '카피 하면 장민주' 라고 인정해주기 시작했다. 그런데 문득 정신을 차리고 보니 자기가 서른둘이 되어 있는 거다. 꽃답던 시절은 저 멀리 안녕 하고 지나갔다. 연애보다 일을 중요하게 생각했을 뿐 한 번도 독신을 생각한 적은 없다. 그런데 사람들은 여자 서른둘은 이제 꺾이는 것이라고 말한다.

"민주야, 괜찮은 남자 있는데 한번 만나볼래?"

어느 날 이모가 전화해서 대뜸 물었다. 어물어물하다 장민주가 되물었다.

"어떤 남자예요, 이모?"

"응, 올해 마흔다섯 된 남잔데 일하느라 여자 사귈 기회가 없었대. 4층짜리 건물도 하나 갖고 있다던데, 그런 사람이 알부자야. 어때, 괜찮지?"

"이모!!"

그녀는 소리를 버럭 지르고 말았다.

"아고 깜짝이야. 얘가 기차 화통을 삶아 먹었나, 무슨 목청이 이렇게 좋아? 야, 네가 독신주의는 아니라길래 큰 맘 먹고 알아본 거야. 싫음 관둬. 근데 너 마흔 금방 된다."

이모는 남이 아니라 엄마의 친동생, 그러니까 가족이다. 가족이 가족에게 이럴 수가 있단 말인가. 큰 맘 먹고 알아본 거라니. 그날, 장민주는 너무나 서러워 이불을 뒤집어쓰고 펑펑 울었다.

그날 이후 그녀는 결혼에 대해 입을 꾹 다물었다. 평소에도 그렇거니와 명절에는 더더욱 집에 가지 않았다. 가족들이 결혼의 '결' 자도 못 꺼내게 하기 위해서. 그렇게 그녀는 철저히 혼자가 되어갔다. 그럴수록 더 일에 매달렸다.

이제 과장 진급할 연차가 됐다. 하지만 노혁재 팀장은 욕심이 지나친 사람이다. 회사생활 하면서 눈치가 100단이 된 그녀다. 그의 밑에 있다가는 몸도 마음도 완전히 말라비틀어질 때까지 혹사당할 게 분명하다. 나상준 팀장이 궁지에 몰린 건 알고 있다. 하지만 그래서 더욱 희망이 있을지도 모른다. 적어도 예전처럼 자기만 잘났다고 큰소리치진 못할 테니까. 게다가 협상의 여지도 있다. 그러니까 나상준과 한 팀이 되기로 한 건 그녀로선 최선의 선택이었던 거다. 회사를 옮기지 않는 이상 어쩔 수 없는.

그런데 과연 그 선택이 맞았던 걸까? 다시 초짜 카피라이터가 되어 신문 하단 광고나 만들고 있는 신세라니. 아무리 좋게 생각하려 해도 오늘같은 날은 몸도 마음도 한없이 가라앉기만 한다. 게다가 저 김 대리는 뭐야. 감각도 없고, 프로그램도 서툴고……. 도대체 지금까지 뭘 배운 거야. 아, 신경질 나. 회사 가기 싫다.

가만, 집에 술이 있을 텐데? 그녀는 억지로 몸을 일으켰다. 그러고 보니 여지껏 불도 켜지 않고 있었네. 전등 스위치를 눌렀다. 그리고 냉장고에서 소주병을 꺼내 들곤 눈에 보이는 대로 국그릇에 따라서 벌컥 들이켰다. 금세 취기가 올랐다.

"아, 인생 참 엿 같다. 뭐? 능력만 있으면 된다고? 웃기고 있다 그래!"

그녀는 소리를 빽 지른 후 침대 위로 털썩 쓰러졌다.

팀의 티모스

"장 대리는 아직이야?"

나상준이 아침부터 장민주를 찾았다.

"제가 전화해보겠습니다."

김 대리가 걱정스러운 표정으로 휴대폰을 들고 나갔다.

"여보세요? 장 대리님, 어디세요?"

"지금 회사 앞이에요. 아침에 알람을 못 들었어요."

"어디 아프신 건 아니죠?"

"아니요, 괜찮아요."

"걱정이 돼서요. 장 대리님이 아프면 저도 아프니까요. 이만 끊
습니다."

"뭐, 뭐라고요?"

뚜뚜.

뭐라는 거야? 설마 잘못 들었겠지. 장 대리는 서둘러 엘리베이터로 가 버튼을 눌렀다.

"잠깐 얘기 좀 할까?"

나상준이 장 대리를 회의실로 불렀다.

"요즘 많이 힘들지?"

"뭐, 늘 그렇죠."

장 대리가 힘없이 대꾸했다. 어젯밤 소주를 한꺼번에 들이켰더니 머릿속에서 드럼을 치는 것 같다.

"잘 알아. 장 대리처럼 잘나가는 카피라이터가 신문 전면 광고도 아니고 겨우 5단통 가지고 이러고 있으니 일할 맛 안 나겠지. 요즘 누구보다 생각이 많을 거야. 하지만 나를 믿고 도와줘. 나는 알다시피 영업을 해야 하니까 실질적으로는 장 대리가 팀장이잖아. 김영근 대리 디자인을 코칭해서 이번 광고를 잘 마무리해줘. 이 건만 잘 되면 바로 텔레비전 광고 들어갈 수 있도록 내가 전략을 다 짜놨어. 우리 팀은 반드시 1년 안에 치고 오를 거야. 그러면 장 대리 진급 추천부터 할 테니 나를 믿고 도와줘. 응? 부탁해."

하긴 이제 와서 신세한탄이나 한다고 뭐 뾰족한 수가 있는 것도 아니다. '지금 있는 곳에서 최선을 다하자' 야말로 평소 생활신조 아니었던가. 게다가 자신보다 훨씬 잘나가던 나상준 팀장은 지금 발에 땀 나도록 뛰어다니고 있다. 찬찬히 훑어보니 나 팀장 꼴이 말이 아니다. 예전과 달라도 너무 달라졌다. 머리도 제때 못 잘랐는지 삐죽삐죽 자라 있고, 넥타이도 어제 것과 똑같다.

"팀장님. 설마 어제 밤새셨어요?"

"어, 뭐. 기획안 몇 개 쓰느라."

"걱정 마세요. 이번 광고안은 제가 책임지고 잘 마무리할 테니까요."

"고마워, 장 대리. 장 대리만 믿고 나도 밖에서 열심히 뛸게."

덕분에 나상준은 한숨 돌릴 수 있었다.

티모스를 이끌어낸다는 건 어쩌면 리더가 말이 아닌 행동으로 믿음을 주는 것, 그리고 팀원의 역량을 믿어주는 게 아닐까 하는 생각이 들었다. 이번 프로젝트는 애초에 혼자서는 결코 해낼 수 없는 것이었다. 혼자서 영업 뛰고 시안 다듬는 일을 어떻게 다 하겠는가. 게다가 이벤트도 진행해야 한다. 팀워크가 아니면 결코 불가능하다. 자신만의 티모스가 아닌, 팀의 티모스가 무엇인지를 어렴풋이 알 것 같았다.

회의실을 나온 장민주는 다시 한 번 힘을 내보기로 했다. 팀장이 저렇게 온 힘을 다해 애쓰는데 팀원인 내가 이러고 있으면 얼마나 맥 빠지겠어. 게다가 요즘의 나 팀장, 확실히 예전과 다르다. 같이 잘 해보려고 하고, 팀원을 배려하는 모습이다. 보여주기 위해서가 아니라 진심으로 말이다. 설령 1년 안에 진급이 안 된다 해도 그를 원망하지는 않을 것 같다. 그래, 힘을 내자.

"김 대리님, 디자인 좀 봐요."

"네, 장 대리님. 이리로 와서 앉으시지요."

김영근이 벌떡 일어나면서 자기 의자를 얼른 밀어준다. 그러고는 한쪽 구석에서 간이의자를 가져와 자기 자리에 놓고 앉는다.

"김 대리님, 이번 광고 콘셉트는 러블리잖아요. 주부들을 대상으로 하는 게 아니라 싱글 남녀가 타깃이고요. 그러니 기존 김치 광고처럼 하면 안 되겠죠? 색깔부터 좀 핫하게 깔아봐요."

"아, 네. 장 대리님 뜻이 제 뜻입니다. 즉시 바꾸겠습니다."

장 대리는 옆에 앉아 고칠 것을 일일이 주문했고, 김 대리는 순한 양처럼 그녀가 하라는 대로 손가락을 움직이기 시작했다. 그날 온종일, 둘 다 눈이 벌겋게 충혈되도록 디자인에 매달렸다.

장 대리가 다시금 일에 집중할 수 있었던 건, 그녀의 심리적 혼란을 나 팀장이 잘 헤아리고 다독인 덕분이다. 장 대리는 그런 나 팀장에게 고마운 마음이 들었다. 또 김 대리도 새삼 다시 보였다. 종일 옆에 달라붙어 이리 옮겨보자 저리 옮겨보자, 빨갛게 해보자 파랗게 해보자 온갖 주문을 하는데도 군소리 한 번 없는 게 아닌가. 도리어 아파 보이는데 괜찮으냐, 디자인이 못 받쳐줘 미안하다 등등의 말을 하며 짬짬이 커피도 타다 주고 음료수도 뽑아다 주며 살갑게 굴었다. 참 고마운 일이다. 그녀는 오늘 최초로 4팀 팀원으로서 가족애를 느끼게 됐다. 간밤에 느꼈던 절망이 언제 적 일이냐 싶을 정도다.

황금 비율

"고려일보 봤어? 오늘부터 광고 나가는 날이잖아."

"여기 있어용, 팀장니임."

자칭 귀여니 신미정 씨가 냉큼 신문을 대령했다.

"오호, 인쇄 상태 좋고. 하트가 뽕뽕이야. 아주 맘에 들어."

나상준은 흐뭇한 미소를 지었다. 자기는 크게 신경을 못 쓴 터라 맘을 졸였는데 광고가 아주 잘 나왔다. 이제 김치 매출이 팍팍 오를 것이다. 소개팅 이벤트를 하게 되면 방송국에서 PD로 일하는 대학 후배 녀석에게 방송을 내달라고 부탁할 셈이었다. 이건 그냥 대박감이지. 그는 기분이 방방 뜨고 있었다.

하지만 광고가 나간 지 보름이 지나도록 김치를 주문하는 사람은 없었다. 김치를 주문해야 소개팅을 주선할 수 있고, 소개팅 이벤트를 열어야 전파를 타게 할 수 있건만.

"나 팀장. 광고 보고 주문했다는 사람이 어떻게 한 명도 없는 거야? 나 팀장 믿고 한 일인데 괜히 광고비만 날렸잖나? 허 참."

양 사장은 기가 막힌다는 듯 혀를 끌끌 찼다.

"면목없습니다. 조금만 더 시간을 주시면……."

"됐네. 매출을 올리지 못했으니 광고비는 다 줄 수 없다는 것만 알아두게."

"사장님, 그러지 마시고 시간을 좀 더……."

나상준이 말을 다 맺기도 전에 전화는 끊어졌다. 그러나 보름이 더 지나도록 김치 매출은 변화가 없었다. 어느 날 나 팀장에게 김치 몇 박스가 배달됐다. 광고비를 전액 결제해주지 못한 미안함의 표시인 듯했다.

나상준은 대책회의를 하기 위해 팀원 전원을 회의실로 불렀다.

"광고 효과가 전혀 없으니 큰일이에요. 무슨 대책을 세워야 할 텐데……."

안절부절못하는 나상준의 목소리 끝이 떨려왔다. 나상준뿐만이 아니었다. 팀원들 모두 초조하면서도 허탈했다. 함께 힘을 쏟은 첫 작품이었으니까.

"팀장님, 이대로 주저앉을 수는 없습니다. 김치에 대해서 다시 연구해보고, 전략을 다시 고민해요. 처음부터 아이디어를 다시 모아보면 좋겠습니다."

장민주 대리가 다시 힘을 내자며 팔을 걷어붙였다. 그 말이 끝나기 무섭게 김영근 대리가 박스들을 번쩍 들어 백김치와 총각김치를 책상 위에 꺼내놓았다. 홍 과장과 도영재도 시장조사와 자료조사를 다시 시작했다. 막내 신미정이 제일 바빴다. 이쪽 저쪽 다니며 필요한 건 없는지 눈치껏 챙겨다 주고, 어질러진 테이블도 얼른얼른 치웠다.

모두 김치를 이렇게도 먹어보고, 저렇게도 먹어보며 어떻게 프로모션해야 시장에서 반응이 있을지 다시 궁리하기 시작했다. 처음에는 의욕적인 아이디어들이 나왔지만 이렇다 할 묘안은 없었다. 며칠째 계속되는 마라톤 회의에 모두가 지쳤고, 상심은 커졌다. 회의실 안은 정적이 흘렀다. 그런데 그때 그 묵직한 침묵을 깨는 소리가 있었으니, 바로 홍태만 과장의 코 고는 소리였다.

"드르러어엉, 드르러어엉."

나상준은 순간 이성을 잃은 나머지 해서는 안 될 말을 퍼붓고 말았다.

"이봐, 홍 과장. 당신 지금 코 고는 게 말이 된다고 생각해? 업무능력이 떨어지면 눈치라도 키우라고! 무식하게 술만 잘 마시면 다야?"

"왜 이렇게 흥이 안 나는지 짜증 난다, 괴롭다, 죽고 싶다는 말만 저절로 나옵니다."

"으응, 그래. 그 맘 나도 이해한다구. 하지만 이왕이면 좋은 말을 해야지. 일부러라도 말이야. 말이 씨가 되면 어쩌려고 그래?"

"원장님도 그런 말을 믿으시나요?"

"당연하지! 그건 뇌의학적으로 근거 있는 말이라구!"

유 원장의 쩌렁쩌렁한 목소리가 대기실까지 흔들어놓았다. 기다리면서 커피를 홀짝이던 나상준은 깜짝 놀라 하마터면 커피를 쏟을 뻔했다. 그런데 뭐? 말이 씨가 된다는 말이 뇌의학적으로 근거가 있어?

"평소에 자주 하는 말과 습관을 아주 중요하게 생각해야 해. 이것을 전문용어로 심층언어라고 하거든? 심층언어야말로 우리 몸과 마음에 아주 큰 영향을 미쳐. '아, 짜증 나. 난 맨날 이 모양이야.' 이런 말을 자꾸 하면 말야. 그 말이 청각기관을 거쳐 뇌에 입력돼버려. 그래서 뇌가 기분이 좋으려다가도 '아, 내가 지금 웃고 있을 때가 아니구나. 짜증 낼 때구나', '이번에도 크게 다르지 않군. 평소처럼 그냥 짜증 낼 때군' 이렇게 판단한다구. 그러고는 스트레스 호르몬을 죽죽 분비하지. 그러면 그 독성 강한 호르몬이 온몸을 긴장시켜서 결국 완전 짜증 나는 상태로 만들어버리는 거야. '말하는 대로 이루어진다' 란 말은 그래서 몹시 과학적이라구."

"아무리 그래도 사람은 노력한 만큼 이루게 되어 있잖아요."

"물로온, 당신 말대로 노력한 만큼 이루어지지. 그런데 각인효과란 말 들어봤지? 뼈에 새길 만큼 강하게 박힌다는 게 바로 각인이잖아? 말에도 각인효과가 있어요. 늘 하는 말이 뇌에 강하게 박혀 실제 그렇게 되어가는 거지. 그러니까 짜증을 일으키는 말 대신 사랑해, 고마워, 즐거워 같은 말을 습관적으로 해보라구. 그러면 세로토닌, 도파민 같은 행복 호르몬이 분비돼서 진짜 즐거워져. 그러니까 '말이 씨가 된다' 는 말은 뇌의학적으로 사실이라 이 말씀. 자, 이제부터 좋은 말, 예쁜 말, 사랑스러운 말을 많이 해야겠지?"

나상준은 그게 그렇구나 하면서 고개를 끄덕이며 듣고 있었다. 직접 상담을 받는 시간만이 아니라 이렇게 기다리는 동안 우연히 듣게 되는 정보도 상당히 쏠쏠하다는 생각이 들었다.

그런데 정작 진료실에 들어서서는 자기도 모르게 짜증부터 발산하고 말았다.

"원장님, 제가 진짜 못 살겠어요. 홍 과장이 글쎄, 아오!"

순간 방금 전 들었던 유 원장의 말이 떠오르며 갑자기 부끄러워졌다.

"죄송합니다. 좋은 말만 해도 모자랄 판에 저도 모르게 또……."

"히히. 이 방에서는 좋은 말 안 해도 돼. 그리고 나도 홍 과장이라는 사람 알아. 이 건물에서 나보다 배 많이 나온 사람은 그 사람밖에 없잖아."

나상준은 유 원장의 배를 바라보았다. 볼록한 게 꼭 축구공이 하나 들어 있는 것 같았다.

"원장님은 그렇게 운동을 열심히 하시는데 왜 배가 안 들어갑니까?"

"그게 말야. 실은 땅콩과자 때문이야."

"땅콩……과자요?"

"으응. 실은 상담 중에 환자가 딴 데 볼 때 하나씩 잽싸게 입에 넣거든. 몰래 먹으니까 그런지 더 맛있는 거 있지."

"원, 애도 아니고 왜 그러세요?"

"단것 먹으면 기분이 좋아져서 환자 말에 더 몰입하게 된다구. 치료도 그렇고 티모스도 그렇고 무조건 남의 말을 잘 들어주는 것에서부터 시작하거든. 당신도 성만 내지 말고 홍 과장 얘기도 좀 차분하게 들어봐. 경청 말이야."

"왜 안 했겠어요. 근데 좀처럼 말을 안 해요. 뭘 물어도 '글쎄요' 라고만 한다구요."

"다 같이 있는 데서 말고 단둘이서만 따로 해봐. 칭찬은 다 같이 있는 데서! 혼내는 건 무조건 따로! 전에 얘기 안 했던가? 아무튼 이건 팀원의 티모스를 이끌어내기 위해 꼭 필요한 태도야. 힘 내라구. 혹시 알아? 뒤늦게 김치도 잘 팔리고 이벤트도 대박 날지? 기대되는데? 나도 그 이벤트 나가고 싶다. 히히."

나이 쉰이 넘도록 노총각이라는 유 원장이 이벤트에 관심을 보이며 히죽 웃는다. 김치 주문할 테니 이벤트에 뽑아달라고 졸라대면 엄청 골치 아플 거다. 아무래도 이벤트 얘기는 괜히 한 것 같다.

"지금 농담할 기분 아니라구요. 다들 걱정이 이만저만 아닌데, 그 심각한 회의 자리에서 어떻게 코를 골며 자냐구요. 맘 같아선 그냥 확……. 그 사람은 도무지 구제불능인 것 같아요."

"어허, 어허. 회의 중에 코 좀 골 수도 있지 뭘 그래. 살면서 누구나 실수는 한다구. 그리고 팀원의 실수는 전적으로 팀장의 몫인 거 모르……."

"아니! 그자가 잘못한 게 왜 제 탓이냐고요!"

"허 참. 지금도 내 말을 중간에서 확 끊고 자기 말만 하잖아? 그것도 경청의 중요성을 강조하고 있는 판에 말이야. 이런 마이동풍 같으니라구. 쯧쯧."

"그거야, 뭐……."

"내가 소싯적에 야구팬이었는데 말야. 야구의 신이라 불리는 김성근 감독이 한 명언이 있지. 리더는 결코 사람을 버리지 않는다! 리더는 팀원의 쓸모를 최대한 살려주는 사람이다. 그 가능성이 1퍼센트밖에 안 된다면, 그 1퍼센트를 완벽하게 만들어주는 게 바로 리더의 몫이다! 정말 멋지지 않아? 김성근 감독이야말로 팀원의 티모스를 완벽하게 이끌어낼 줄 아는 리더지. 이런 말은 좀 받아 적고 그러라구!"

나상준이 생각해도 심장이 찌르르 할 만큼 감동적인 말이었다. 생각해보면 회의 시간에 한 번쯤 안 졸아본 사람이 어디 있을까. 나상준 자신도 전날 과음한 탓에 몇 번 그런 실수를 한 적이 있잖은가. 홍 과장의 사람 좋은 성격을 높이 사 회사에 남겨둔 것 역시 자신이었으면서, 분위기 파악 못 하고 코 좀 골았다고 당장 자르네 마네 소리친 게 부끄럽게 느껴졌다.

"사실 아까 밖에서 좀 들었는데요. 말이 씨가 된다는 말, 팀워크에도 큰 영향을 끼치겠지요? 늘 팀장에게 부정적인 말만 들은 팀원은 인정받고 싶은 욕구 자체가 사라져버리겠죠? 상사의 꾸중이 뇌 속에 각인될 테니 말입니다."

"헉, 나 팀장. 당신은 말야, 볼 때마다 느끼는 거지만 통찰력이 남달라. 하나를 알려주면 열을 안다구. 이건 예전부터 느꼈던 건데 말이지. 흠흠. 당신은 자신의 감정 상태를 정확하게 들여다볼 줄 알아. 전문용어로 이런 걸 '마음 들여다보기'라고 하는데 말야. 사실 그게 안 되는 사람이 많거든. 그런데 당신은 자신의 티모스를 정확하게 이해하고 있고, 남의 티모스도 잘 파악해. 너무나 대견스러워."

"그런가요? 하하하."

칭찬은 역시 기분이 좋다. 왜 난 팀원들에게 저렇게 극적인 칭찬을 하지 못할까? 나름대로 한다고 하는데도 유 원장만큼은 안 되는 것 같다.

"내 칭찬 솜씨 괜찮았나? 안색이 환해지는구먼. 큭큭. 암튼 내 대답은 당신 말이 백번 천번 옳다는 거야. 자자, 구체적으로 팀원의 티모스를 살리는 대화법에 대해서 알려줄게."

나상준은 한마디라도 놓칠세라 더욱 집중했다.

"뭔가 불편한 사실을 얘기할 때는 말야, 그 말이 불친절한지 친절한지에 따라 받아들이는 사람의 기분이 완전히 달라진다구."

이게 무슨 말이야? 어렵다.

"그럼 불친절한 말이 뭐냐. 다시는 듣고 싶지 않은 말, 조직에 불화를 일으키는 말이지. 이건 물론 내가 내린 정의야. 자, 예를 들어보겠어. 얼마 전에 내가 출근길에 엘리베이터를 탔는데, 마침 그 홍 과장이란 사람도 탔더군. 배가 좀 많이 나오긴 했더라구. 근데 당신 회사의 꽤 높은 위치에 있는 듯한 사람이 대뜸 이렇게 말하는 거야."

"사장님인가?"

"몰라. 암튼 그 사람이 '홍 과장. 배 좀 집어넣어. 아니, 총각이 그렇게 배가 나와서 장가나 갈 수 있겠어?'라고 말하고는 막 웃더라고. 홍 과장이 얼마나 민망했겠어. 둘이 있는 공간도 아니고, 출근 시간이라 엘리베이터 안에 사람이 꼭 차 있었는데 말이지. 물론 그게 틀린 말이라곤 할 수 없지. 딱 봐도 홍 과장 배가 나보다 더 나왔잖아? 이게 바로 불편한 사실인 거지. 하지만 그 상사는 정신의학적으로 공감결핍증이 있는 거야. 상대가 얼마나 기분 나쁠지 헤아리지 못하고 말부터 내뱉어버리는 거잖아. 그렇다면 공감능력 뛰어난 당신이라면 이 불편한 사실에 대해서 어떻게 말하겠어?"

갑작스러운 질문에 당황한 나상준. 정답을 술술 이야기해서 또다시 극적인 칭찬을 받고 싶은데, 얼른 떠오르질 않는다.

"친절한 말로 하는 거지. 친절한 말이란 또 듣고 싶은 말, 조직을 발전시키는 말이야. 예를 들자면 이렇게 말하는 거지. '이게 다 광고주들과 열심히 전투를 벌인 홍 과장의 훈장이지. 홍 과장은 타고난 광고맨이니까. 그래도 나이 먹으면 몸관리도 잘해야 일도 잘할 수 있겠더라고.' 이렇게만 말해도 알아듣지 않겠어? '그래, 정말 내가 열심히 광고주 만나면서 고생한다는 걸 보스가 알아주는구나. 이제 운동도 하고 관리도 해야지. 다 나 잘되라고 하는 얘긴데.' 이렇게 친절한 말에는 사람을 변화시키고 발전시키는 힘이 있다구."

"정말 놀라운 차이인데요? 그렇지만 한편으로는 이런 생각도 들어요. 그래도 팀을 운영하려면 때때로 야단칠 때는 좀 치고, 지적도 할 건 하고, 그럴 필요가 있지 않을까 하는 거죠. 어떻게 맨날 사탕 발린 소리만 합니까?"

"칭찬은 거짓말이 아냐. 누구에게나 현실은 똑같은데 문제는 그 현실의 어디를 보느냐는 거지. 그림자를 보면 꾸중이 나오고, 햇살이 비추는 쪽을 보면 칭찬이 나오는 거야. 물론 사실을 전달해야 하지만, 더 효과적으로 전달할 방식이 뭘까 생각해야 한다는 거야. 티모스를 아는 리더라면 상대에 따라 친절과 불친절을 황금 비율로 섞을 줄 알아야 한다, 이 말씀."

"황금 비율이라고요?"

"맞아. 예를 들어 지적 욕구가 강하고 자아가 안정된 사람에게 '이 멍청아, 그것도 못해!' 라고 하면 어떨까? 크게 문제가 되지 않아. '난 똑똑한데 왜 멍청하다고 하는 거야? 나를 멍청하다고 하는 당신이 더 멍청하지!' 하면서 넘겨 버리겠지. '내게 관심을 가지고 계셨구나. 앞으로 더 열심히 하란 뜻이겠지, 뭐' 라고 받아들이던지. 근데 자존감이 약하고 남의 평가에 취약한 사람이 그런 말을 들으면 어떨 것 같아? 이 사람들한테는 말을 할 때 특히 조심해야 해. 몇 마디 지적만 해도 금방 표정이 바뀌고, 자기를 미워한다며 섭섭해하거든. 그러고선 감정의 문을 닫아버리지. 이렇게 되면 아무리 옳은 지적을 해줘도 귀로 들어가지 않아. 오해만 심해지지."

"아니, 그럼 그 사람들한테는 지적을 하지 말라는 건가요?"

"에이, 아니지. 미리 덕담과 친절한 말로 마음을 몰랑몰랑하게 해준 다음 지적을 하라는 거야. 그래야 효과가 있어."

같은 곳을 보라

"홍 과장, 나랑 산책 좀 할까요?"

사무실을 나서면서 그는 유 원장이 말해준 팁을 떠올렸다. 속을 터놓고 상대방과 대화하고 싶을 땐 산책하면서 얘기하라고 했다.

"산책이 왜 좋으냐고? 음, 뭔가 심각하고 껄끄러운 문제가 생기면 '우리 오랜만에 얘기 좀 하죠' 하면서 마주 보고 앉아 잔뜩 분위기를 잡잖아? '뭐든지 속 시원하게 털어놔 봐. 내가 다 들어줄게' 하면서 말야. 그런데 그렇게 하면 대화가 잘 이뤄지냐! 아니거든. 처음에 두세 마디는 잘 풀리는 것 같은데, 좀 가다가 언성이 높아지지. '내가 언제 그랬냐, 사실관계는 명확히 하자'고 막 따지다가, '역시 이래서 우리는 말이 안 통해' 이러면서 팽 하고 돌아서지."

"그렇게 흘러가는 경우가 많죠."

"잘해보자고 시작한 자리인데 왜 그럴까?"

"정말 왜 그럴까요? 저도 그 이유를 곰곰 생각해본 적이 있는데……, 잘 모르겠더라고요."

"자, 대화가 잘 풀리지 않을 때는 먼저 나와 상대방의 시선이 어디로 향하고 있는지를 점검해야 해. 이왕이면 둘이 같은 방향을 보는 게 좋지. 시야가 많이 겹칠수록, 그러니까 같은 곳을 바라볼수록 우리 뇌가 경험하는 세상이 같아지거든. 그래야 생각도 같아지면서 맘이 착 통하는 거지. 그런데 서로 마주 앉으면 내 시야에 들어오는 세상은 상대방과 완전히 다르잖아? 내가 보고 있는 걸 상대방은 보지 못하고, 상대방이 보고 있는 걸 나 역시 보지 못하지. 이렇게 눈에 보이는 세상이 달라지면 뇌가 경험하는 세상이 달라져서 공감대를 찾기 어려워지는 거야."

"같은 시야를 경험하라? 그래서 '사랑은 마주 보는 것이 아니라 같은 곳을 보는 것'이라고 하는 걸까요?"

"그건 어린 왕자한테 물어보라구. 히히. 아무튼 대화가 잘 풀리지 않을 땐 함께 나란히 걷는 게 제일 좋아. 강변이나 호숫가같이 자연 속에서 같은 곳을 바라보면서 대화해봐. 훨씬 깊은 내용이 오가게 되지. 같이 전시회 구경을 가는 것도 좋고 말이야. 단, 산책을 할 때는 앞을 보면서 걸어야 해."

"걸어가려면 당연히 앞을 보게 되잖아요?"

"내 말은 땅이나 발을 보고 걷지 말라는 거야. 정면을 바라보라는 거지. 땅을 보는 건 좋지 않아. 앞으로 걸어가면 생각도 앞으로 나가. 즉, 미래를 향하지. 그런데 땅을 내려다보면 과거의 후회스러운 기억이 떠오르게 돼. 믿어지지 않으면 실험해봐도 좋아."

충분히 새겨들을 만한 조언이어서 나상준은 얼른 써먹어야지 하고 마음먹었다.

"물론, 개중에는 정면을 바라보면서 걸어도 옛 기억이 떠오르는 사람들도 있어. 상처가 깊어서 그런 건데, 그런 사람들은 특수한 경우고 대개는 그렇지 않아. 정면을 보고 걸으면 우리 뇌도 앞을 향해 걸어가니까 과거를 곱씹거나 불만을 늘어놓기 어려워지거든. 이런 명언도 있잖아. '인생은 뒤돌아보았을 때에만 이해할 수 있다. 하지만 인생은 앞을 바라보며 살아가야 한다.' 이렇게 자세와 방향은 우리의 생각과 대화에 아주 결정적인 영향을 미친다구. 꼭 기억하도록. 정면을 보고 나란히 걸으면서 대화를 하면 훨씬 더 속 깊이 공감할 수 있다는 거 말이야."

홍태만 과장은 도살장에 끌려가는 소처럼 억지로 따라나섰다. 둘은 아이스커피를 한 잔씩 사 들고 나란히 공원을 걷기 시작했다. 나상준은 얘길 꺼내기 전에 홍태만을 흘깃 보았다. 역시나 홍 과장은 땅만 바라보면서 걸었다.

"홍 과장, 저기 좀 봐봐요. 아이들 참 예쁘죠?"

"허허, 그렇군요."

"어떤 유명한 의사가 그러는데 자꾸 땅 보고 걷는 건 별로 좋지 않다고 하더라구요? 이렇게 누군가와 정면을 바라보면서 같은 방향으로 걸으면 두 사람의 뇌가 같은 시야를 담기 때문에 생각도 잘

통한답니다. 그래서 대화도 잘 된다나 뭐라나. 우리가 오늘 그 효과를 한번 확인해볼까요?"

"허허, 글쎄요."

홍 과장이 애써 정면을 응시하기 시작하자 나상준은 안심하곤 말을 이어갔다.

"회의 시간에 졸 수도 있는데 내가 너무 말을 심하게 했죠? 미안합니다. 진심으로 사과할게요."

"허허, 괜찮습니다. 사실 맞는 말이지요."

"그렇게 말하면 더 미안해지잖아요. 홍 과장, 홍 과장이 나보다 입사 선배잖아요. 그래서 나는 홍 과장의 입사 초기 모습은 잘 모릅니다. 어떤 새내기였고, 대리 땐 어땠는지……. 그래서 어제 인사팀에 가서 홍 과장의 입사원서를 살펴봤어요. 깜짝 놀랐습니다. 아주 높은 점수로 입사했던데요?"

"허허, 글쎄요. 다 옛날 일입니다."

늘 그렇듯 홍 과장은 허허 웃기만 한다. 얼음만 남은 아이스커피를 드르륵 소리 내며 빨아댈 뿐 이러니 저러니 말이 없다.

어제 나상준은 인사팀에 부탁해 홍 과장의 입사원서와 자기소개서 그리고 그간의 실적 등을 살펴보았다. 이력서에 붙은 홍 과장의 사진은 거짓말 조금 보태서 홍 과장의 아들이라고 해도 될 만큼 앳되고 늘씬한 모습이었다. 살이 투덕투덕 올라 이중턱이 되면서 나이에 비해 노안이 된 거다. 자기소개서에는 외아들에 홀어머니를 모시고 산다고 적혀 있었다.

나상준처럼 홍 과장도 어려운 형편에서 공부한 고학생이었다. 그가 고등학생 때 아버지는 사업이 기울고 큰 병까지 얻어 돌아가셨다. 엎친 데 덮친 격으로 얼마 후부터는 어머니 역시 건강이 나빠져 생계를 책임질 수 없는 상황이 되었다. 그래서 대학생 때부터 그가 본격적으로 가장 역할을 해왔다. 그는 안 해본 일이 없었다. 새벽 시장에서 생선도 날랐고, 한겨울 길거리에서 군고구마도 팔았으며, 외국인 여행객을 상대로 일본어 통역도 했다.

'일본어 통역이라고?'

금시초문이었다. 알고 보니 홍 과장은 일본어 능통자였다. 전공도 아닌데 일본 만화에 심취하면서 일본어에 관심을 갖고 혼자 공부를 했단다. 어느 정도 입이 트이자 본격적으로 학원에 다니면서 공부했다. 그는 일본어능력시험 1급 자격증까지 가지고 있었다. 입사 성적도 훌륭했다. 영어와 일본어 회화 능통자이니 가산점이 붙었을 게다. 정말 뜻밖인 것은 면접 평가였다. 점수도 높았던 데다 면접관 평가란에는 '생각이 남다르고 독창적이며 주관이 뚜렷하다'고 쓰여 있었다.

가장 놀라운 건 독창적이라는 단어였다. 도대체 왜 이런 인재가 입을 꾹 다문 채 술상무 역할에만 충실한 걸까? 왜 만년과장이란 타이틀을 주홍글씨처럼 달고 살아갈까? 뭔가 사연이 있는 게 틀림없어. 그는 홍 과장이 변한 이유를 알고 싶었다. 그의 잃어버린 티모스를 꼭 찾아주고 싶었다.

"일본어를 그렇게 잘한다면서요? 난 왜 몰랐지?"

나상준은 홍 과장에게 보폭을 맞추며 물었다.

"허허, 글쎄요."

"사실은 홍 과장, 아니 선배 자기소개서도 읽어봤어요. 나랑 성장 과정이 너무 비슷해서 놀랐지 뭐야. 다른 게 있다면 나는 아버지가 좀 더 일찍 돌아가셨다는 거, 그래도 생계를 책임질 건강한 어머니가 계셨다는 거. 선배는 아버지가 고등학교 때 돌아가셨더군요."

그가 흠칫 놀란 눈으로 나상준을 바라보았다.

"저, 저는 팀장님은 여유 있는 집안에서 어려움 없이 자란 줄 알았습니다만……."

"아니, 전혀요. 나도 지지리도 어려운 환경에서 공부했습니다. 그래서 더 승진에 목말랐고요. 선배는 어때요? 성공해서 어머니 호강시켜드리고 싶단 생각 안 하셨어요?"

"허허, 글쎄요. 회사에 붙박이처럼 오래 붙어 있는 게 효도하는 거지요."

"더 날아오를 수도 있잖아요. 실력도 출중하면서 왜 자기 능력을 썩힙니까? 열심히 했다면 나보다 먼저 본부장 자리도 노려볼 수 있었을 것 같은데."

"허허, 글쎄요. 그전에 잘렸을 수도 있겠지요."

뭔가를 더 얘기할 듯싶던 홍 과장은 다시 고개를 숙이더니 빨대로 얼음만 되작거릴 뿐이다. 어느덧 해가 붉은 기운을 내뿜으며 뉘

엿뉘엿 지고 있었다. 나상준이 시계를 흘긋 보면서 말했다.

"출출하지 않아요? 우리 저녁이나 먹으러 가는 건 어때요? 선배?"

홍 과장이 입맛을 쩍 다셨다. 하지만 이내 표정을 없애고 말했다.

"허허, 제가 선약이 있어서요. 죄송합니다, 팀장님."

홍 과장이 인사를 꾸벅 하고 먼저 공원을 빠져나갔다. 나상준은 홍태만이 일부러 피한다는 느낌을 지울 수가 없었다. 아직 자기에게 맘을 열지 않은 것이다. 하긴 당연한 일이다. 이번에 같은 팀에서 만나기 전까지 그에게 늘 신들신들 굴었잖은가. 아무리 직급이 높다지만, 그래도 나이로 치면 홍 과장이 훨씬 위인데 말이다.

'그래. 오늘은 여기까지 하자. 그래도 많은 이야기를 들었어. '글쎄요'가 아닌 다른 이야기 말야.'

죽으란 법은 없다

홍 과장의 코골이 사건으로 잠시 중단되었던 장모김치 건에 대한 회의가 다시 이어졌다.

다른 프로모션을 할 방법이 없을까? 모두가 심각한 가운데 나상준의 휴대폰 벨이 울렸다.

"어이, 오랜만이야! 뭐? 뭐? 뭐? 그게 정말이야? 당연히 있지. 장모김치라고 진짜 맛있는 김치 있어. 김치 전문가? 게스트? 걱정 붙들어 매. 다 준비되어 있으니까. 몇 시? 아이고, 두 시간 후구만. 준비해서 얼른 날아갈게. 그래, 그래."

"팀장님, 무슨 전화예요?"

장민주 대리가 궁금한 듯 물었다. 다른 팀원들도 어안이 벙벙한 표정으로 나상준의 입만 쳐다보고 있었다.

"이제 됐어! 여러분, 이제 됐다고!"

나상준은 흥분이 쉽사리 가시지 않는지 그 말만 반복했다. 그러다가 팀원들의 레이저 같은 눈빛 공격을 의식하고서야 설명을 시작했다.

"그게 말이야. 하하. 아는 동생 중에 J홈쇼핑 PD가 있어. 두 시간 후에 생방송으로 프라이팬이 나가기로 되어 있는데, 업체에 사정이 생겨 제품이 빠지게 생겼나 봐. 급하게 대타 상품을 찾고 있다는 거야. 나중에 이벤트 열 때 전파 타게 하려고 방송국에 근무하는 후배한테 장모김치 얘기를 살짝 흘려놨었거든. 근데 어찌어찌 그 소식이 이 동생한테까지 전해졌나 봐. 수소문을 하다 보니 얼어걸린 거겠지? 어쨌든, 하늘이 우리를 돕는 것 같아!"

"와, 정말이에용? 그럼 장모김치 방송 타는 거예용?"

신미정이 신이 나서 덩달아 흥분을 감추지 못했다.

"근데, 시간이 없는 게 흠이네. 하지만 이번에야말로 우리의 저력을 보여줄 수 있을 거야. 일단 홍 과장과 김 대리는 장모김치에 가서 김치 종류별로 챙겨서 그쪽으로 오고, 나머지 세 사람은 나랑 같이 바로 스튜디오로 이동하면서 방송 콘티를 짜자고. 서둘러야 해. 나 참, 이럴 줄 알았으면 어제 집에 가서 옷 좀 갈아입을 걸."

4팀은 모두 한마음으로 오직 한 가지 목표만을 생각했다. 홈쇼핑에 나가서 장모김치를 제대로 팔아보겠다는 것 말이다. 그들에게 주어진 시간은 딱 두 시간. 홍 과장과 김 대리는 장모김치 사무실로 가 김치를 싣고 곧장 스튜디오로 달려왔다. 장 대리는 서둘러 방송 콘티를 짜고 간단한 대본을 써서 도영재와 쇼호스트에게 전달했다. 그리고 신미정은 소품실에서 챙겨온 것들로 사랑의 작대기를 만들었다. 조금 있다 도영재와 함께 그것으로 퍼포먼스를 할 예정이다. 짧은 시간 동안 그들은 무섭게 불타올랐다.

두 시간 후, 큐 사인이 떨어지자 말쑥하게 차려입은 여성 쇼호스트가 환하게 웃으며 오프닝 멘트를 던졌다.

"여러분, 오늘 소개할 제품은 바로 김치입니다. 사실 제 자랑은 아니지만 요즘 슬림해졌다는 얘기를 가는 곳마다 듣고 있어요. 비결이 뭐냐고 물으시는 분들 많은데요. 특별히 다이어트를 한 건 아니랍니다. 그런데 딱 하나! 달라진 게 있어요. 김치를 바꿨다는 거죠. 요 장모김치 백김치로 말이죠."

오늘 처음 본 김치를 내밀면서 이것으로 다이어트 효과까지 봤다고 말하는 쇼호스트의 능청스러움이 유난히 프로페셔널하게 보이는 순간이었다. 물론 그것은 장 대리의 순발력이었다. 이어 총각김치를 소개할 차례였다. 쇼호스트 대신 도영재가 나섰다.

"저는 광고회사 AE입니다. 광고인의 생활이란 게 고3 수험생과 별 차이가 없죠. 엄청난 체력을 필요로 하니까요. 그래서 전 끼니마다 총각김치를 먹습니다. 낙숫물이 바위를 뚫는다는 속담이 있잖아요? 건강기능식품처럼 총각김치를 매일 먹으니까 확실히 피곤한 게 덜하고, 몸이 처지는 게 없어졌습니다. 아내나 어머니가 매번 손바닥에 올려주면 모를까, 사실 건강기능식품 챙겨 먹기가 말처럼 쉬운 일이 아니잖습니까? 하지만 김치는 밥 먹을 때 항상 먹으니 번거로울 일이 없어요. 외근이 없을 땐 점심 도시락을 싸는데

요, 장모김치의 총각김치는 빼놓지 않고 꼭 챙깁니다."

잘생기고 매끈한 도영재가 자신감 넘치는 말투로 말하니 설득력이 상당했다. 장모김치만 먹으면 누구라도 도영재처럼 될 것 같다는 착각을 마구마구 불러일으켰다. 다시 쇼호스트가 나서서 이벤트 소개까지 했다.

"총각김치와 백김치를 사신 고객에게 소개팅 이벤트도 하고 있습니다. 지금 전화 주시는 분들 중 추첨을 통해 세 쌍을 선정할 건데요. 백김치 드시고 예뻐지고, 총각김치 드시고 원기왕성해져서 소개팅에서 좋은 결과까지 얻는다면 앞으로 쭉 행복하지 않을까요? 네~ 주문전화가 폭주하고 있습니다. 특히 백김치는 곧 매진 예감입니다. 자동주문전화로 얼른 서두르셔야겠어요."

소비를 자극하는 노래 1위로 선정된 김태우의 〈High High〉가 흘러나왔다. 신미정과 도영재가 사랑의 작대기를 들고 나와 음악을 배경으로 애교스럽게 장난 치는 모습을 연출했다.

"그댈 보는 내 맘 high high~ 내 기분도 high high~ 우울했던 지난날은 bye bye~ 하늘 위로 high high~ 나의 사랑 high high~ 이제부터 우리 둘만 서로 사랑해요."

주문전화는 쉬지 않고 빗발쳤다. '마감 전 5분'이란 표시가 방송 화면에 노출되자 4팀 팀원들의 심장이 더욱 거세게 요동쳤다. 결과는 대성공, 완판이었다! 두 시간 동안의 초절정 긴장이 스르르 풀리자 이 모든 걸 연출한 나상준은 온몸이 싸늘해지면서 몸살기운까지 느껴졌다.

"홍 과장, 장 대리와 함께 마무리 좀 해줘요. 몸이 으슬으슬한 게 오늘 일찍 들어가 봐야 할 것 같아."

"허허, 걱정 마세요. 뒷일은 저희가 하겠습니다."

그러고 보니 홍 과장이 구사하는 단어가 좀 늘었는걸? 이것도 기분 좋은 변화였다.

"여러분만 믿어요."

홈쇼핑 대타 방송이 나간 후 장모김치의 양 사장은 벌어진 입을 다물지 못했다. 백김치와 총각김치 매출이 껑충 뛰었기 때문이다.

"나 팀장 고맙네. 진행비도 모두 나 팀장이 부담했다면서? 나 완전 감동했어. 당신한테 이런 인간미가 있는 줄 예전엔 미처 몰랐어. 지난 신문광고 때 잔금까지 합쳐서 광고비 현금으로 결제했네. 이 여세를 몰아 앞으로 텔레비전 광고도 할 생각이야. 잘 부탁하네."

대성공이었다. 이로써 4팀 팀원 중에 불필요한 인력은 없다는 게 증명되었다. 모두 자기가 가진 역량을 톡톡히 발휘했고, 함께함으로써 시너지를 끌어올렸다. 그들은 자축하는 의미로 오랜만에 회식 자리를 가졌다.

"다들 엄청난 일들을 해줬어. 광고쟁이로 살아왔지만 이번만큼 뿌듯한 적은 없었던 것 같아. 진심으로……."

나상준은 목이 메어 말을 끝마치지 못했다. 그간의 풍상이 주마등처럼 스쳤기 때문이다.

"팀장님이 잘 이끌어주신 덕분에 함께 해낼 수 있었어요. 진정한 리더의 자질은 위기에 처했을 때 드러난다고 생각해요. 팀이 흔들리지 않게 바로잡아주는 것이 리더의 티모스라고 하던데, 팀장님이 그걸 잘 해주셨잖아요."

장 대리의 칭찬에 나상준의 눈시울이 붉어졌다.

"장 대리, 티모스 공부 열심히 했는데?"

"그럼요. 우리 장 대리님은 하나를 알려주면 둘을 알아내는 분이죠."

김 대리가 거들자, 나상준이 짐짓 서운하다는 듯 말했다.

"김 대리의 새로운 '느님'은 이제 장 대린가 봐?"

"헐, 설마 두 분 썸 타는 관계예용?"

앗, 신미정의 눈빛이 반짝이려 한다. 그녀가 눈치채면 삽시간에 이후기획의 전 직원이 알게 된다. 그때 생각지도 않게 도영재가 나섰다.

"에이, 무슨 그런 말을. 두 분 아무리 봐도 케미가 안 살아요."

김 대리가 발끈하려다가 그냥 입을 다물었다. 대신 도영재를 향해 한마디 던졌다.

"그나저나 도영재 씨 인기 대박이던데? 기분 좋겠어?"

"그냥 그래요."

그는 애써 시크하게 답했지만 얼굴이 이미 붉어져 있었다. 방송이 나가는 동안 소비자들의 카톡 메시지도 실시간 자막으로 소개되었는데, 도영재를 칭찬하는 글들이 대부분이었던 거다.

― 소개팅 나가면 지금 방송에 나오는 남자 만날 수 있는 건가요?

― 우리 신랑도 총각김치 먹여야겠어요. 저 남자모델 발뒤꿈치라도 따라가
  게요. -.-

― 와, 총각김치 먹으면 나도 저렇게 될까? 남자가 봐도 멋진데!!

"소개팅 이벤트 날, 맘에 드는 처자 생기면 나한테 슬쩍 말해. 내
가 따로 연결해볼 테니까. 하하."

나상준이 도영재의 어깨를 툭 치며 농반진반으로 선심을 썼다.
도영재와 한결 더 친해진 느낌이었다. 그렇지만 바로 옆에 앉아 있
는 홍 과장과 도영재는 마치 상극처럼 보였다. 눈빛만 보아도 알
수 있다. 도영재가 홍 과장을 얼마나 한심하게 생각하는가를. 까마
득한 후배의 그런 눈빛이 불쾌할 게 분명한데, 홍 과장은 그저 허
허 웃으며 냉수만 들이켰다. 그걸 보며 나상준은 한 가지 중요한
숙제가 남았음을 깨달았다.

어쨌거나 나상준은 오늘 실로 다시 태어난 느낌이다. 집으로 돌
아오는 길, 손을 가슴께로 살짝 댔다. 티모스 자리에서 꽃잎이 피
어나오는 것처럼 간지러웠다.

THYMOS

CHAPTER 4
추격의 불씨

나는 과거를
생각하지 않습니다.
중요한 것은 끝없는
현재뿐이지요!

서머셋 모옴

승자의 추락

"먹고 싶은 거 아무거나 시켜. 난 간짜장."

노혁재는 점심을 먹으면서 회의하기를 좋아했다. 팀원들은 밥이라도 편하게 먹고 싶다는 생각이 간절했지만 누구도 섣불리 나서지 못했다. 게다가 자기가 쏘겠다고 큰소리 탕탕 쳐놓고선 늘 간짜장을 시키는 노혁재가 얄미워 죽을 것 같다. 도대체 어떤 간땡이부은 자가 탕수육, 유산슬을 외칠 수 있겠는가.

한 번은 아직 분위기 파악을 못 한 막내 사원이 눈치 없이 잡탕밥을 시킨 적이 있었다. 그는 한 달 내내 노혁재한테 이유 없는 갈굼을 당해야 했다. 참다 못한 그가 이유를 모르겠다며 하소연하자 선배들이 한목소리로 이야기했다.

"바보야, 다 잡탕밥 때문이야!"

지금은 식사 메뉴에 이견도, 차이도 없다. 모두가 간짜장으로

'통일' 되어 있으니까.

"그래, 그래. 같은 걸로 통일해야 주방장도 편하고 음식도 빨리 나오지. 이런 게 바로 배려라는 거야."

말이라도 못하면 덜 얄미울 텐데…….

한참 젓가락을 놀리던 노혁재가 갑자기 기분 나쁜 생각이 난 듯 목소리를 높였다.

"4팀이 이번에 한 건 했다면서? 그 장모김친가, 친정김친가 하는 것 말야."

그는 젓가락을 던지듯 내려놓더니 팀원들에게 선포했다.

"내 기필코 그 팀 박살을 내버릴 거야."

그는 이글거리는 눈으로 정면을 노려보면서 단무지를 아작아작 씹어댔다.

"이번 광고 제품은 베이비 전용 유기농 허브 성분 물티슈지…….
베이비 용품은 딴 거 없어. 무조건 성분이지. 아이 피부에 닿는 거면 더더욱. 다른 유해 성분은 설마 없겠지? 오 대리, 이 제품 성분 분석표 좀 줘봐."

"네, 여기 있습니다. 그런데 좀……."

"왜?"

"무형광, 무색소인 건 맞는데 소량이긴 하지만 화학적 방부제가 들어 있어요."

"그럼 오가닉이 아니잖아?"

"그게……. 오가닉이나 순천연 같은 단어는 쓸 수 없을 것……."

"흠. 여하간 알겠어. 일단 내가 좀 알아볼 테니 브레인스토밍 시작해. 예쁜 아이도 좀 섭외해보고. 영상 광고니까 비주얼에 더 신경 써야지."

그리하여 노혁재 팀에서는 다시 밤샘 작업이 시작되었다. 새 광고가 시작되면 노혁재가 말도 못 할 만큼 압박한다는 걸 알기에 팀원들은 초긴장 상태였다. 그리하여 벌써부터 신경성 질환들을 호소하기 시작했다.

"아, 속 쓰려. 누구 위장약 없어?"

"두통약, 두통약 없어요?"

"아이고 허리야, 파스 있는 사람?"

이런 제길, 여기가 회사야 병원이야.

"그나저나 팀장님은 퇴근하셨어요?"

그 시각, 노혁재는 어둑한 바에서 박무상을 따로 만나고 있었다.

"노 팀장. 요즘 많이 부진했어. 이번에 한 방 터뜨리라고."

박무상이 얼음이 담긴 잔에 위스키를 부으며 말했다.

"믿고 맡겨주십시오."

"준비는 잘 되어가나?"

"네, 사실 베이비 용품이란 게 뻔하지 않습니까. 첫째도 안전성, 둘째도 안전성이죠. 그런데 이번 제품에 '순천연'이란 말을 쓰자니 소량이지만 화학 성분이 들어 있다는 게 걸립니다."

"아마추어같이 굴긴. 화장품 광고 안 해봤어? 천연 성분이라고 떠들어봤자 그거 몇 프로나 들어 있든?"

"그렇긴 합니다만……."

"그런 부분도 확실히 포장해 제대로 팔아주는 게 우리 할 일 아니겠어? 우물쭈물하지 말고 확실히 밀어붙이라고."

화학 성분 조금 들어갔기로서니 아이들 피부가 금세 짓무르진 않겠지? 사람이 어떻게 순천연 환경에서 살 수 있겠어? 적당히 세균 있는 곳에서 살아야 면역력도 생기는 거지. 노혁재는 자기합리화를 해나갔다.

"보송보송 솜털까지 건드리지 않아야 하기에 순천연 엄마표 물티슈를 사용합니다."

사랑을 가득 담은 엄마 목소리에 아기가 응답이라도 하듯 "까르르" 웃어댔다. 촬영을 마친 후 영상을 돌려보며 노혁재와 광고주는 흡족해했다.

"아이고, 저렇게 예쁜 아기를 어디서 데려왔습니까?"

"하하. 저희 파트너인 스튜디오에서 제일 예쁜 아기로 추천받았습니다."

"모델 선정은 맘에 듭니다. 근데……, 저희가 순천연이 아니라서 그게 좀 걸리는군요."

"일단 저렇게 해야 엄마들이 지갑을 여는 게 현실이라서요. 처음엔 저렇게 나가고 몇 주 반응 본 후에 '순'이란 말은 빼는 걸로 하겠습니다.”

“그렇게 해도 될까요?”

광고주는 내심 만족하면서도 걱정스럽다는 듯 살짝 목소리를 낮춰 물었다.

“걱정 마십시오. 장사 하루 이틀 하는 거 아니니까요. 다만 엄마들을 안심시키기 위한 장치가 필요합니다. 의도적으로 유통기한 표기를 해야 할 것 같습니다. 2~3개월 정도로 적당히 표기하는 게 좋겠어요.”

“음, 그러면 될까요?”

“으악. 팀장님 이게 뭡니까? 이건 제가 쓴 카피가 아닌데요?”

첫 텔레비전 광고가 나간 날, 모니터링을 하던 1·2팀의 카피라이터 이용우 대리가 놀라서 소리를 꽥 질렀다. 경악을 금치 못하겠다는 표정이었다.

“이 대리도 알다시피 베이비 용품은 저렇게 하지 않으면 엄마들의 지갑을 못 연다고.”

“팀장님! 이건 명백한 허위, 과장 광고입니다.”

“나도 알아. 하지만 일단은 팔아야 하지 않겠어? 실제로 순천연 물티슈를 만들려면 단가가 어떻게 되는지 알아? 게다가 방부제를 덜 쓸수록 유통기한은 턱없이 짧아져. 광고주도 다 오케이한 걸 이제 와서 왜 그래? 일단 이번 광고는 이미지로 세게 어필하고 카피는 다음에 차차 정리하자고. 사람이 왜 이렇게 융통성이 없어?”

"이건, 절대, 있을 수 없는 일입니다!"

이 대리는 목에 칼이 들어와도 이런 일은 용납할 수 없다며 물러서지 않았다. 순간, 차분하게 설명하던 노혁재도 폭발하고 말았다.

"내가 그렇게 설명을 하는데도 못 알아듣냐? 그럼 네가 신상품 스키니진 입는다고 김우빈 되냐? 엉? 그 짜리몽땅한 다리로? 그럼 다른 광고들도 모조리 허위광고겠네? 엉?"

"그 얘기가 갑자기 왜 나옵니까? 그거와는 다르잖습니까?"

"다르긴 뭐가 달라. 그렇게 사람 심리를 몰라서 무슨 카피를 쓰겠다는 거야? 쯧쯧."

"네, 저는 그런 거 모릅니다. 하지만 팀장님은 허위하고 크리에이티브도 구별 못 하시는 것 같네요. 적어도 이런 카피를 넣으려면 담당인 저와 상의를 했어야죠. 왜 늘 팀장님 멋대로 하십니까? 여기가 군대입니까? 군대도 절반짜리 다녀오신 분이 왜 어설프게 흉내만 냅니까?"

쥐도 코너에 몰리면 고양이를 무는 법. 이 대리는 단단히 화가 나서 바락바락 대들더니 사무실 문을 뻥 차고 나가버렸다.

"뭐, 뭐야? 저, 저 새끼가 지금! 어휴. 싸가지 없는 놈. 어디서 배워먹은 버르장머리야? 뭐, 감히 나한테 어설프게 흉내를 내네 어쩌네 해? 아오, 저놈의 모가지를 당장 잘라버려야지. 어휴, 혈압 올라. 그 새끼 들어오거든 나한테 당장 오라 그래!"

광고는 반응이 무척 좋았다. 아기 모델의 영향이 컸다. 광고업계에서는 실패 확률이 낮은 모델로 3B, 즉 아기(Baby), 미녀(Beauty),

동물(Beast)을 꼽는다. 그런데 이번에 노혁재 팀이 섭외한 모델은 누구라도 눈을 뗄 수 없을 만큼 사랑스럽고 예뻤기에 광고 효과가 더욱 높았다. 광고는 입소문을 탔고, 그 덕에 제품도 날개 돋친 듯 팔렸다. 엄마들의 커뮤니티 사이트에는 광고에 대한 리뷰와 제품 사용 후기가 속속 올라왔다.

— 엄마표 물티슈 광고 보신 분? 아기 정말 예쁘지 않아요? 물론 우리 아기가 더 예쁘지만요. ㅎㅎ 순천연이라 믿고 사용해보네요. 우리 애가 아토피 피부거든요.

— 저는 파우더 하나도 까다롭게 골라요. 믿을 만한 회사의 좋은 이미지 광고니까 믿고 삽니다. 우리 아기 엉덩이 늘 뽀송뽀송하게 지켜주렴, 물티슈야~ 기대, 기대.

— 허브향이 상쾌한 게 기분 좋아요. 정말 순천연은 다른가 봐요.

노혁재는 새내기 엄마들이 남긴 듯한 댓글들을 읽으며 흡족한 미소를 지었다.

'시작이 좋군.'

그런데 열흘도 지나지 않아 사태는 전혀 엉뚱한 방향으로 급물살을 탔다.

— 이게 웬일? 우리 아이 피부에 발진이 생겼어요. 원인을 다 찾아봤는데 바로 이거드라고요. 순천연이라더니 순 사기네요.

— 혹시나 하고 들어와 봤더니 역시 물티슈가 문제였군요. 우리 애 아토피가 도져서 울고 긁고 난리예요. 정말 내 눈에 피눈물이 나네요. 이거 명백한 허위광고잖아요.

— 알아봤더니 100퍼센트 천연이란 있을 수도 없다고 하더군요. 천연방부제를 쓰면 이런 가격에 팔릴 수도 없구요. 식약청이 이참에 제대로 조사해 발표해야 합니다.

— 식약청 조사 같은 거 필요 없어요, 우리가 두 팔 걷고 불매 운동 합시다. 이미 사용하던 제품은 아기 피부 사진 찍어 100퍼센트 환불받자구요.

— 아기 용품에 장난질하다니 용서가 안 되네요.

헉! 이게 웬일이야. 노혁재는 댓글을 읽다가 머리가 아뜩해지고 말았다. 박무상 본부장도 그 사이트를 봤는지 즉각 노 팀장을 불렀다. 그 역시 정신줄 놓기 일보 직전이었다.

"야, 너 무슨 일을 이따위로 처리해?"

"본부장님이 이쪽으로 끌고 오셨잖아요. 위험할 거 없다면서."

"뭐? 이게 인제 나한테 뒤집어씌우려고 들어? 인마, 눈치껏 하라고 했지, 내가 언제 이렇게 사고를 치라고 그랬냐? 엉? 하, 이런! 능력도 안 되는 게 기껏 키워줬더니 물귀신처럼 끌고 들어가네."

광고는 여론의 뭇매를 맞고 즉시 중단되었다. 엄마들의 힘은 무서웠다. 화가 난 엄마들이 환불 운동에 이어 불매 운동까지 대대적으로 벌이는 바람에 광고주는 회사 문을 닫아야 할 지경에 이르렀다. 화가 잔뜩 난 광고주는 이후기획을 상대로 손해배상 소송

을 냈다.

　이 사건 후부터 이후기획은 광고주들로부터 외면당하기 시작
했다. 회사 평판은 끝없이 추락했고, 실적은 악화일로를 달렸다.
평소 혈압이 높아 약을 복용 중이던 이화승 사장은 급기야 충격과
화병으로 쓰러져 병원으로 실려 갔다. 실적만 내면 그만이라던 꼼
수의 귀재들에게는 처참한 말로가 시시각각 다가오고 있었다.

절호의 기회

　한편 나상준은 여전히 동분서주 중이었다. 한 번 해내고 나니 자신감이 부쩍 붙었다. 그러고 보면 아주 밑바닥부터 새롭게 시작하는 것도 나쁜 일만은 아니었다. 신문 하단 광고로 물꼬를 튼 관계가 텔레비전 광고로까지 이어졌을 때의 뿌듯함과 성취감은 처음부터 월척을 낚던 때와는 느낌 자체가 달랐다. 마치 수십 번 넘어지고 코가 깨지던 자식이 걸음마를 떼고 커나가는 걸 보는 어미의 기분이랄까. 그렇게 4팀은 작지만 온전히 그들만의 것을 하나하나 만들어가고 있었다.

　그런데 마른하늘에 날벼락이라더니, 회사가 심각한 경영난에 빠지고 말았다. 가뜩이나 경기도 어려운데 휘청거리는 판이니 문제가 보통이 아니다. 이렇게 고전을 면치 못하다 문이라도 닫으면 당연히 4팀도 연기처럼 사라지고 말 것이다. 그렇다면 우리가 함께 키워나가던 장모김치는 어떻게 되지? 팀원들은 누구랄 것 없이 강한 책임감을 느꼈다.

더욱이 이후기획은 나상준에게 매우 특별한 의미가 있다. 자신의 첫 직장이자 지금까지 10년 넘게 한 번도 딴생각을 해본 적이 없는 제2의 집이었다. 회사에 처음으로 출근하던 날, 어머니는 기쁨의 눈물을 그렁그렁하시며 이렇게 말씀하셨다. "그곳에 뼈를 묻는다는 생각으로 일해라." 무사처럼 당당하던 어머니가 돌아가실 때까지 아들 앞에서 감정을 드러내 보인 유일무이한 사건, 그것이 바로 나상준의 이후기획 입사였다. 이후기획은 또한 자신을 능력 있는 광고쟁이로 키워줬고, 스티브 잡스라는 명예로운 별명을 얻게 해준 곳이다.

하지만 또 한편으로, 지금의 자신감이라면 팀원들만 데리고 나가 독립해도 잘 해낼 수 있을 것 같았다. 회사는 그를 키워주기도 했지만 가차 없이 벼랑 끝으로 내몰기도 하지 않았던가. 이제 와서 그가 등을 돌린다 해도 욕할 사람은 아무도 없을 것이다.

'팀원들과 따로 나가 내 사업을 시작해볼까?'

나상준의 마음이 복잡해졌다.

"여보, 요즘 당신 이상해. 왜 이렇게 초췌해? 아유, 머리 덥수룩한 거 봐. 머릿속도 막 헝클어져 있는 것 같잖아."

퇴근하는 그를 맞으며 아내가 종알거리는데도 나상준은 대꾸 한마디 없었다. 대꾸는커녕 정신을 다른 곳에 빼놓고 온 사람 같았다. 아내는 허깨비같은 걸음으로 거실을 향하는 남편을 바라보다 얼른 쫓아가 한쪽 팔을 붙들고 물었다.

"당신…… 요새 무슨 일 있지. 혹시 보증…… 같은 거……?"

아내 목소리가 어디 먼 데서 들려오는 것 같았는데, 바로 코앞에 아내의 걱정 가득한 얼굴이 쑥 나타났다. 나상준은 급히 정신을 차렸다.

"아니야. 그런 거 아냐. 회사에 일이 좀 많았어."

그는 요새 상황을 설명할까 하다가 그만두었다. 괜히 아내를 걱정시키기 싫었다. 회사가 망하기 직전이라는 걸 알면 아내는 보증 선 것 못지않게 걱정을 할 것이다.

아내는 계속 그를 의심쩍다는 눈으로 바라보았다. 하긴 스스로 생각해도 자신은 예전의 나상준이 아니다. 무엇보다, 지난 몇 달간 그렇게 좋아하던 쇼핑을 한 번도 안 했다는 사실이 놀라울 따름이다. 그뿐이 아니다. 야근하다 회사에서 쪽잠을 잔 날에는 양치에 고양이세수만 겨우 하고 하루를 그냥 지내기도 했다. 한때는 깔끔하지 않으면 일이 손에 안 잡힐 만큼 유난을 떨었건만. 실력이 아니라 외모로도 광고주를 사로잡아야 한다고 침을 튀기던 게 마치 전생의 일이나 되는 것처럼 아득히 멀다.

"애들은 자?"

"이이는? 지금이 몇 신데 그럼……."

"애들 공부도 봐주고 주말에는 어디 좀 데리고 나가야 하는데, 시간을 통 못 내겠네. 미안해, 여보."

남편 입에서 미안하단 말이 나오다니, 해가 서쪽에서 뜰 일이다.

속정이 많은 사람인 건 알고 결혼했지만 감정 표현엔 늘 인색한 게 불만 아니었던가. 그런데 갑자기 왜 이러는 거지? 아내는 다시 남편의 표정을 들여다본다.

"여보, 솔직히 말해봐. 나 기절 안 할게. 당신 보증…… 섰죠?"

아내는 숨도 멈춘 채 남편 나상준의 입만 빤히 바라보았다. 아내의 이런 반응에 그는 더 미안해지고 말았다. 그랬다. 자신은 그동안 잘못을 해도 미안하단 말을 할 줄 모르는 사람이었다. '말하지 않아도 알아주겠지' 하고 자기 편할 대로 생각해버린 것이다. 하지만 그건 '아빠가, 남편이 이렇게 열심히 일하는 걸 몰라주면 되겠어?' 하는 이기심이었음을 이제야 알 것 같다.

'참으로 나란 사람, 집에서나 회사에서나 이기적이었구나.'

나상준은 그만 이기심이란 옷을 벗어버리고 싶었다. 그래서 집에서도 좋은 가장, 회사에서도 존경받는 리더가 되고 싶었다. 그러려면 먼저 회사를 일으켜야 했다. 나만 살자고 회사를 나 몰라라 할 순 없다.

간만에 찾은 티모스 정신건강의학과. 그러고 보니 한동안 뜸했다. 여전히 진료실에선 유 원장의 목소리가 새어나오고 있었다. 오랜만에 유 원장의 목소리를 들으니 반사 반응처럼 맘이 저절로 편안해진다. 첫마디부터 그랬던 데다 계속 반말을 해대는 게 참 거슬리고 가벼워 보였는데 그것마저 좋아져 버린 듯하다. 역시 마음이 가면 뭐든 예뻐 보이게 되나 보다.

그동안 참 바빴다. 바쁜 와중에 팀플레이에 집중했고 성과도 거두었다. 어쩌면 한동안 유 원장의 조언 없이도 잘 해왔기에 여기 올 이유가 없었는지도 모른다. 하지만 아직 갈 길이 멀다.

"그 사람은 머리부터 발끝까지 죄다 문제투성이에요. 좋은 얘길 해주고 싶어도 해줄 게 있어야 말이죠."

"미안, 내가 이번엔 좀 세게 말해도 상처받지 마? 내가 봤을 땐, 그게 바로 당신이 무능하다는 증거야."

"에에? 무능이라뇨? 저만큼의 스펙 가진 사람, 주변에서 보기 어려우실걸요."

"있잖아, 칭찬할 게 하나도 없는 사람은 이 세상에 없어. 당신이 무관심하기 때문에 모르는 것뿐이야. 상사가 아랫사람한테 무관심한 게 무능이지, 그럼 뭐가 무능이야? 안 그래?"

나상준은 뜨끔했다. 뭐야, 저건? 설마 나 들으라고 안에서 연극하는 거 아니겠지? 꼭 자기 얘기 같았다. 그 역시 칭찬하고 싶어도 칭찬할 거리가 없는 팀원 때문에 고민하고 있으니 말이다. 홍 과장이라는 벽은 어떻게 해도 넘어설 방법이 없다.

"원장님, 저희 팀이 목숨 걸고 회사를 살려야겠습니다."

"무슨 일이길래 오랜만에 와서 목숨까지 걸고 그래?"

"그게 말입니다. 사고가 터졌어요."

그간의 이야기를 모두 들은 유 원장은 정말이지 처음으로 제법 진지한 표정을 지었다. 잠시 생각에 잠겨 있던 유 원장이 말문을 열었다.

"이렇게 한번 생각해봐. 이런 대형급 위기야말로 강력한 팀워크를 이루는 촉발제가 될 수 있다고 말이야. 개개인의 티모스를 최고치로 끌어올릴 절호의 기회인 거지."

나상준은 마른침을 꿀꺽 삼켰다. 회사가 곧 망할 것 같다는데 절호의 기회라니, 이건 좀 비약 아닌가? 일단 들어보는 수밖에.

"외부 침입자의 도전이 없으면 티모스에서 대기하고 있던 면역 세포 병사들은 그냥 사라져버려. 열정을 발휘할래야 발휘할 곳이 없으니 존재 이유가 없어지는 거지. 그런데 반대로, 외부 침입자의 공격이 시작되면? 병사들이 출동해야 하잖아. 그러면 티모스가 엄청 바빠진다구! 출동한 병사들은 열심히 맞서 싸우다 패배도 하고 승리도 하지. 그런 과정을 거치면서 티모스는 점점 더 힘을 쌓아가는 거야. 외부의 끊임없는 도전은 티모스 입장에선 환영할 만한 건수라구."

앞뒤가 딱딱 맞아 이해하기는 쉬웠다. 하지만 현실은……, 그렇게 단순하지가 않다.

"살짝 기분이 나쁠라 그러네? 표정을 보니까 말이야, 당신 말은 알겠소만 이론은 이론이고 실제는 실제 아뇨, 이러는 것 같은데 말이야."

"예? 그걸……."

나상준은 화들짝 놀랐다. 아니라고 말하자니 너무 속보이는 일이라 그냥 멋쩍게 얼굴만 쓸어내렸다.

"4팀은 이미 장모김치를 통해 한 번 성취감을 느낀 후잖아. 그러니 약간의 건수만 생겨도 금세 똘똘 뭉칠 수 있다구. 그땐 불을 붙이기가 힘들었지만, 이제는 아주 쉬워졌단 얘기야."

하긴 그렇다. 팀이 힘을 합친다는 게 뭔지, 다시 말해 각자의 티모스를 발휘해 팀의 티모스를 타오르게 한다는 게 어떤 건지 나상준의 팀원들은 경험을 통해 직접 느꼈다. 김치를 가지러 간 홍 과장과 김 대리 쪽도 그렇고, 스튜디오로 향하는 차 안에서 머리를 모았다 흩어졌다 하며 콘티를 짜낸 나머지 사람들도 모두 한 가지 생각만 했었다. 김치를 잘 팔자! 그래서 4팀 최초로 모신 광고주를 완전히 만족시켜버리자!

그렇지만 그 일은 어떤 면에서 우연히 일어난 것이었고, 시간도 딱 두 시간으로 한정되어 있었다. 그래서 이런저런 핑계를 찾아낼 틈 없이 그 생각밖에 할 수 없는 상황적 요소가 있었다. 실제로, 그 폭죽 터지듯 했던 그날의 클라이맥스를 지나고 나서는 팀 분위기가 어느 정도 느슨해진 감이 있다. 그 불씨가 사그라지기 전에 다시 일으켜야 한다는 것만은 분명하다.

"이번 일만 잘 해결되면 금방 원래 자리 찾겠네. 앗! 그렇게 되면 우리 환자가 줄어들게 되는 건가? 이거 좋아해야 해, 말아야 해?"

유 원장은 또 혼자 코를 벌름거리며 삼천포로 열심히 달려간다. 그럼 그렇지, 웬일로 진지하다 했어. 그런데 어쩌면 정말, 이번 위기는 우리 팀이 비상할 수 있는 하늘이 준 기회일지도 모른다. 기회의 뒤통수에는 머리카락이 없어서 일단 지나가 버리면 붙잡을 수 없다지. 이것이 하늘이 준 것이건 아니건, 우리가 그것을 최고의 기회로 만들면 되지 않겠는가!

"국내 기업은 우리 회사에 등을 돌렸으니 당분간 광고 따내기 어려울 거야. 해외로 눈을 돌려보자고. 분명 우리가 도전할 만한 업체가 있을 거야. 나와 장 대리, 김 대리는 영미권 국가를 찾아보자고. 도영재, 불어 할 줄 알지? 그쪽으로 찾아봐. 그리고 홍 과장. 홍 과장은 일본 쪽을 전담해줘요."

"홍 과장님이 일본어를 잘해용? 엉, 전 전혀 몰랐어용."

신미정이 신기한 일도 다 있다는 듯 눈을 또록또록 굴렸다. 나머지 셋도 놀란 눈치다. 나상준은 이때다 싶었다. 모두 있는 자리에서 홍 과장을 치켜세울 기회가 드디어 온 거다. 그동안 칭찬을 하고 싶어도 도무지 그럴 틈을 허용치 않던 홍 과장이었다.

"어? 다들 몰랐어? 홍 과장은 일본어 원어민 수준이야. 일본어 능력시험 1급자라고. 일본 문화나 역사에도 정통하니까 관련 조언이 필요하면 홍 과장에게 도움 청해. 뭐든 척척 해결해줄 거야."

홍태만 과장은 대놓고 칭찬을 하는데도 큰 요동 없이 그저 허허 웃을 뿐이다. 그 속이야 누가 알겠는가만은.

"불경기에다 회사는 휘청거리고, 마음이 다들 편치는 않을 거야. 하지만 우리는 모두 힘을 합쳐서 한 가지를 이뤄낸 팀이잖아. 장모 김치의 성과는 순전히 우리가 만들어낸 결과물이야. 광고주를 발굴하는 일부터 신문광고를 거쳐 전파광고까지, 남의 손을 전혀 빌리지 않고 말이지. 그 결과물에 뿌듯한 마음을 가지는 한편, 계속 책임을 져야 한다는 생각이 마음속에 자리 잡고 있으리라 믿어."

"그러잖아도 양 사장님도 아까 전화를 하셨던데요. 뭔가를 직접적으로 묻거나 얘기하는 건 아니지만 변동이 생길 것 같으면 시간적인 여유를 좀 두고 미리 얘기해달라고 하더군요. 동요하실 필요 없다고, 장모김치 브랜드는 저희가 끝까지 책임진다고 확실하게 말씀드려놨습니다."

역시 도영재다. AE니까 광고주와의 관계를 전담해야 하는 건 맞지만, 아직 신참티를 벗지 못했는데도 똑 부러지게 자기 일을 해내고 있다.

"아주 잘 했어. 그런데 그 책임을 다하려면, 단순히 우리 팀만 똘똘 뭉치고 잘나가는 것으로는 부족해. 회사라는 더 큰 덩치가 뒷받침해줘야 할 일도 분명히 있다고. 그래서 지금부터는 '내가 내 회사를 살린다' 하는 생각을 가졌으면 해. 뭔가 거창한 일을 해야 한다는 건 아니야. 지금처럼 각자 최선을 다하되 각개전투가 아니라 팀워크로 해낸다는 마인드를 계속 유지하면 돼."

나상준은 '우리'라는 표현을 최대한 많이 사용하려고 애썼다. 개인에 대한 코칭은 따로 하면 되었다. 다 같이 있을 땐 무조건 우리다. 일촉즉발의 상황일수록 전우애가 더 살아나는 법 아니겠는가. 팀원들은 모두 비장한 표정이었다.

이후기획에는 이제 광고주가 몇 군데 남지 않았다. 규모가 큰 기업일수록 허위광고의 여파에 민감해서 잽싸게 발을 뺐다. 계약기간이 남아 있었으므로 이후기획으로서는 충분히 할 말이 있었으나 이미 저항 능력을 상실해버린 터라 씨알도 안 먹혔다. 대기업들이 빠져나간 다음에는 프랜차이즈 체인과 주류 브랜드들이 약속이나 한 듯 계약 파기를 알려왔고, 이를 신호로 나머지도 우수수 떨어져 나갔다.

한편, 1·2팀에서는 주변 식당 돌며 전단 작업이라도 따와야 하지 않겠냐는 자조의 분위기가 흐르고 있었다. 그 많고 훌륭한 인력을 가지고 말이다. 더욱이 대형 사고 후 노혁재 팀장의 히스테리 강도가 더 심해져서 팀원들은 이래저래 죽을맛이었다.

살아남기 위해 쓴 가면

　나상준은 와인 마니아다. 유럽 와인뿐 아니라 미국, 캐나다, 칠레 등 신세계 와인까지 출장차 해외에 나갈 때마다 구입하는 아이템 1호가 바로 와인이다. 와인 셀러에 죽 쌓아놓고 바라보는 기분은 마치 미술관에서 멋진 그림을 볼 때의 황홀함과 비슷하다. 1만 원대부터 100만 원이 넘는 고가의 와인까지 가격도 천차만별이다. 가끔 기분 날 때 한 잔씩 하는데, 주로 저렴한 걸 마시고 비싼 건 건드리지 않았다. 입보다는 눈이 더 대접받는 셈이다.

　주말 저녁, 모처럼 집에서 쉬던 그는 버릇처럼 와인 셀러 앞을 오락가락하며 눈의 사치를 누렸다. 그때 프랑스 보르도 지방에서 작황 상태가 유난히 좋았다는 1990년산 와인이 유난히 시선을 끌었다. 몇 년 전 프랑스로 출장 간 길에 큰 맘 먹고 산, 제일 비싼 와인이다. 만일 내일 세상을 뜬다면 오늘 저 와인을 딸 것 같았다. 그

럼 누구와 마실까? 술을 하지 못하는 아내를 제외한다면? 나상준
은 슬며시 미소를 지으며 휴대폰을 들었다.

"선배, 지금 뭐 해요?"

"집에서 밥하고 있습니다. 토요일에 웬일이십니까?"

"밥 먹고 난 다음엔 뭐할 거예요?"

"글쎄요. 허허."

"괜찮다면 저녁 먹고 우리 집에 올래요? 이번엔 거절하지 말아
요. 나 아무나 집에 부르는 사람 아니거든요."

"……."

"선배, 듣고 있어요?"

"주소가 어떻게 되시죠?"

"여보, 회사 선배 홍태만 과장님. 든든한 우리 멤버야."

나상준이 아내에게 홍 과장을 소개했다.

"말씀 많이 들었어요. 어서 오세요. 이이가 집에 사람을 부르는
일이 거의 없는데 아주 친하신가 봐요? 이이 잘 부탁드려요. 앞으
로 자주 놀러 오세요."

홍 과장은 넙죽 인사를 한 후 가게에서 급하게 사 왔을 과일 바
구니를 쑥 내밀었다. 나상준이 거실로 안내했는데, 그는 기다란 상
에 음식이 먹음직스럽게 차려진 걸 보곤 입을 쩍 벌렸다. 상 위엔
와인과 함께 연어 스테이크와 메추리알 꼬치 요리, 색색의 과일을
모양 내서 담은 접시가 정성스럽게 세팅되어 있었다.

"아내가 오늘 실력 발휘 좀 했어요. 요리 솜씨가 끝내주거든요. 밥 배랑 안주 배는 다르니, 다 먹을 수 있죠?"

부담스러웠던 것도 잠시, 금세 헤벌쭉해진 홍 과장.

"우리 집에 있는 와인 중 제일 비싼 거 꺼냈다구요. 선배와 함께 마실 수 있어서 기분이 좋습니다."

나상준이 짐짓 과장되게 생색을 내며 병을 살짝 기울여 라벨을 보여주는 시늉을 했다.

"그렇게 비싼 걸 왜 저와……."

홍 과장은 당황스러운 눈치였다. 나상준은 대답 대신 홍 과장 앞에 놓인 잔에 와인을 쪼르르 따랐다. 검붉은 와인이 조명에 반짝거렸다.

"자, 우선 와인 테이스팅을 해볼까요?"

떫으면서도 시큼한 듯, 시큼하면서도 달큼한 듯한 레드와인이 입안을 기분 좋게 감쌌다. 두 사람은 별다른 말 없이 그리고 서두를 것도 없이 권커니 잣거니 와인의 맛에만 정신을 팔았다. 누가 본다면 참 이해할 수 없는 광경이겠으나, 오히려 소란스럽지 않아서 좋았다. 기분까지 느른해지는 취기. 정신없이 사느라 그동안 잊고 살던 감각이다.

한참 후 나상준이 먼저 입을 열었다.

"회사가 어떻게 될지 모르는 상황이잖아요. 우리 팀이 살려내야 한다고 제가 말은 그렇게 했지만, 결과를 확신할 순 없고요. 선배……, 대비책은 있어요?"

"다른 데서 저를 받아주기나 하겠어요? 그야말로 요즘 아이들 말로 멘붕입니다."

"선배, 나는요, 능력 출중하던 선배가 왜 이렇게 자신을 안 드러내는 사람으로 변해버렸는지 잘 모르겠어요. 지난번 준 티모스 자료는 읽어봤어요? 거기 나오는 표현을 써먹자면 그 왕성하던 티모스의 활동을 왜 자꾸 억누르기만 할까 하는 거예요."

"허허, 제 티모스는 말라비틀어진 지 오랩니다."

"이유가 뭐예요? 일찍이 가장이 되어 누구보다 열심히 살아왔다면서요."

"허허, 글쎄요."

홍태만은 자신을 집까지 초대해 가장 아끼는 와인을 선뜻 내준 나상준에게 진정으로 고마움을 느꼈다. 상사에게 이런 진심 어린 대접을 받아본 게 얼마 만인가. 과장이 되는 동안 늘 자기를 못 잡아먹어 안달이던 상사뿐이지 않았던가. 늘 허허 웃는 속 좋은 사람이란 이미지는 홍 과장이 선택한 가면이었을 뿐이다. 가늘고 길게, 오로지 살아남기 위해 쓴 가면.

홍 과장은 마음의 문을 닫은 지 오래다. 자신을 보호하기 위해선 그 방법밖에 없었다. 그런데 나상준이 그 문을 열려고 애쓴다. 나상준 역시 얼마 전까지만 해도 그 많은 상사들과 다를 게 없었다. 자신보다 나이도 더 어리기에 나상준이 자신 앞에서 시건방을 떨 때마다 상처가 더 컸을 수도 있다. 이미 마음이 꽁꽁 언 뒤라 상처를 받고 자시고 할 것도 없었을 뿐이다. 그런 나상준이 같은 팀이 되고부터 완전히 딴사람이 된 것 같다. 조직에 이용당한 후 버려지고 보니 사람이 바뀐 걸까. 그래 봤자 오래가지 못할 거라고 생각했다. 하지만 오래가고 있다. 아니, 갈수록 더 바뀌고 있다. 술기운이 빗장을 느슨하게 한 건지 홍 과장의 마음이 오늘따라 조금씩 움직이기 시작한다.

홍태만 과장은 누구보다 잘나가는 AE였다. 신입티를 벗은 지 얼마 안 돼서부터 외국계 회사 광고주들 상대도 그가 도맡았다. 영어와 일본어를 자유자재로 구사하니 당연한 일이다. 게다가 홍 과장에겐 잘난 사람들에게 가장 부족한 인간미까지 넘쳤다. 후배들을 살뜰히 챙겼으며 윗사람에겐 깍듯했다. 금방 대리 달고 또 금방 과장으로 올라 창사 이래 최연소 과장이라는 기록을 세웠다. 그를 따르는 후배들은 점점 많아졌다. 후배들은 무슨 문제만 생기면 너나없이 홍 과장부터 찾았다.

"과장님, 저 고민 있어요. 술 좀 사주세요."

"저, 여자친구랑 헤어졌습니다. 흑흑, 어째야 좋을지 모르겠어요."

"과장님, 오늘 정말 덥죠. 저희랑 치맥해요."

술 좋아하는 홍 과장이었기에 맥주 한잔 사달라는 후배들의 요청을 언제나 흔쾌히 받아주었다. 그는 언제나 격의 없이 고충을 들어주는 좋은 선배이자 오빠이자 형이었다. 그렇게 완벽한 홍 과장의 문제는 과연 무엇이었을까? 바로, 인기가 많아도 너무 많다는 거였다.

'저놈, 왜 우리 팀원들이랑 술을 마셔?'

'이러다가 금방 팀장 되고 본부장 되겠는데?'

'나보다 어린놈이 먼저 진급하는 꼴을 어떻게 봐.'

상사들은 그를 점점 눈엣가시, 위험인물로 규정했다. 홍태만 과장의 회사생활은 점차 험난한 가시밭길이 되어갔다. 회의 자리에서 홍 과장이 말만 하면 말허리를 뚝 자르고 무시하는 상사, "나이도 어린놈이"라며 대놓고 윽박지르는 상사, 사장에게 교묘하게 홍 과장을 험담하는 상사 등등 홍 과장을 견제하는 상사들이 넘쳐나기 시작한 거다. 정치에 무능했던 홍 과장은 그렇게 점점 밀려나고 있었다. 사내정치라는 건 홍태만에겐 너무나 어려운 일이었다. 그런 건 애당초 홍태만의 DNA에 없는 능력이었다.

위협을 느낀 홍태만은 고민이 많아졌다. 홀어머니를 모시는 그에겐 생계에 대한 책임감이 막중했다. 더럽고 치사하다고 때려치우거나 내 사업이나 해볼까 하는 호기를 부릴 처지가 못 됐다.

'다른 회사로 간다 해도 같은 일이 반복되겠지.'

적지 않은 고민 끝에 그는 이렇게 판단했다. 이후 그는 최대한 적을 만들지 않으면서, 오래 살아남는 법을 강구하기로 했다. 그리고 그가 선택한 게 바로 회의 시간에 딱히 의견이 없는 사람이 되는 것이었다. 그는 잘하는 거 하나에만 집중하기로 했다. 아무도 위협을 느끼지 않는 그것. 바로 술 취한 광고주의 흑기사 노릇이었다. 술 마시는 거라면 자신 있었으니까. 한 가지만 확실히 잘해도 목숨은 부지할 수 있는 곳이 바로 조직이니까.

그렇게 10년째 과장 자리를 지키고 있다. 그리고 왜 스트레스가 없겠는가. 자괴감은 또 없겠는가. 안으로 묵혀온 스트레스 때문에 마음이 곰삭은 지 오래다. 몸은 마음이 반영돼 드러나는 외피다. 그의 외피는 점점 변해갔다. 배는 점점 부풀어 올랐고, 머리숱은 점점 줄어들어 이마가 훤히 드러나기 시작했다. 그가 선택한 가면은 실상 지독히도 외롭고 처절한 것이었다. 이제는 가면이 나인지, 내가 가면인지 모르게 되어버렸다. 자그마치 강산도 변한다는 10년이다. 그는 이제 변해버린 거다.

"이제 와서 쉽게 달라질 수는 없을 것 같습니다. 허허."

"그렇겠지. 그럴 거예요. 이해해요. 하지만 살기 위해 선택한 가면이라면서요. 지금 선배와 내가 회사를 살려야 해요. 그래야 선배도 나도 계속 살 수 있어요. 이제는 살기 위해 가면을 벗어 던져야 하지 않을까요?"

홍 과장은 그저 지친 표정으로 나상준을 바라볼 뿐이었다. 오랜만에 너무 많은 말을 해서인지, 나상준의 말이 자신을 흔든다고 느껴서인지는 알 수 없었다.

"예전에 일본 회사 광고 맡은 적 없어요? 그쪽을 다시 뚫었으면 하는데……."

"허허, 글쎄요. 찾아는 보겠습니다만……."

"나는 선배를 믿을게요. 그리고 나는 팀장으로서 우리 팀원 모두를 끝까지 책임질 겁니다."

술은 마셨지만 허언이 아니었다. 제법 냉정하게 이야기하려 애썼지만 그는 가슴 깊숙한 곳이 처절하게 아파와 말끝이 떨리는 걸

어쩌지 못했다.

　조금만 잘나가도 견제당하고, 조금만 인기가 높아져도 시기와 질투가 집중되는 건 회사생활을 하면서 많은 이들이 겪어보았을 상황이다. 어떤 길이 옳은지 번민에 빠지게 하는 일이다. 생존이 절박한 가장일수록 그 번민은 더 클 것이다. 사실상 나상준 역시 그렇게 살아왔다. 선택한 가면만 달랐을 뿐 둘 다 지독하게 외롭고 힘들었던 거다. 하지만 이제 먹고 먹히는 관계가 아니라 모두 함께 살 방법을 도모한다면 이야기는 달라질 수 있다.

재기의 발판

"이 자료 한번 검토해보십시오, 팀장님."

포스트잇에 쓰인 글씨체를 보니 홍 과장이 올려놓은 건가 보다. 나상준의 책상 위에는 몇 장의 보고서가 놓여 있었다.

'바로 이거야!'

그는 쾌재를 불렀다.

일본의 완구회사에서 올해 새롭게 선보이는 키덜트 완구를 한국에 광고하고 싶다는 거였다. 물론 그 기업은 한국에 따로 유통업체를 두고 있었지만, 이번에는 한국 드라마에 자사 제품을 간접 홍보하는 PPL 방식을 쓰고 싶다고 했다.

완구 분야에서는 큰손 고객층이 아이에서 어른으로 넘어온 지이미 오래다. 저출산 시대인 데다 살기 팍팍해진 어른들이 어린이였던 시절을 그리워하며 힘든 시간을 달래기 때문이다. 자식이 아예 없거나 한 명만 낳는 부부들이 늘어 자기 취미생활에 투자할 수 있는 여유가 상대적으로 많아진 것도 하나의 이유다.

"여러분, 홍 과장이 황금알을 가져왔어요! 우리 4팀은 이제부터 여기 집중합니다. 홍 과장, 수고했어요."

"어머, 홍 과장님이 찾으신 거예용? 대박이당!"

신미정이 호들갑을 떨었다. 도영재가 놀랍다는 듯 홍태만과 나상준을 번갈아 바라보았다. 티를 내지는 않았지만 도영재도 열심히 자료를 찾고 있었다는 걸 나상준은 알고 있다. 지난번 장모김치를 통해 도영재의 티모스가 적절히 불타올랐다. 사실 4팀이 닻을 올린 이후 가장 신난 사람은 도영재일지도 몰랐다. 그는 물 만난 고기처럼 뛰어 올랐다. 그의 아이디어를 인정해주고 적극적으로 실행에 옮겨줄 팀장을 만났기 때문이다. 불손한 태도에 대한 지적은 뒤로 미룬 채 신선한 아이디어에 대한 칭찬을 아끼지 않았다. 나상준은 직장인이 상사에게 인정받고 싶은 욕구가 얼마나 강한지를 누구보다 잘 안다. 멀리서 찾을 것도 없이 바로 그 자신이 한때 욕망의 화신 아니었던가.

그는 이번에 또 한 건 해내고 싶었을 거다. 그런데 설마 장 대리도 아니고 무능하기 짝이 없어 보이는 홍 과장이 선수 칠 거란 건 생각도 못 했으리라. 나상준은 지나가는 말인 듯 신미정의 호들갑에 가볍게 대꾸했다.

"말했잖아. 홍 과장이 일본어 고수라고."

나상준은 홍태만을 사랑스러운 눈으로 바라보았다. 너무나 고마

워 그의 티모스가 있는 가슴께에 뽀뽀라도 해주고 싶을 지경이다.

"너 인마. 아까 벙찐 거 완전 티 팍팍 나더라?"
"그거야 뭐, 말이야 바른말로……."
화장실에서 만난 도영재의 등을 툭 치면서 나상준이 말을 건네자 도영재가 어물거렸다. 각자 소변기에 대고 차렷 자세로 소변을 누면서 나상준은 마치 시시껄렁한 농담을 주고받듯 입을 열었다.

"그래도 우리 팀에서 아이디어가 가장 신선한 사람은 바로 너잖아. 그건 뭐, 다들 인정하는 점이지. 근데 조심해야 할 게 있어. 과장에 대리에 선배가 셋이니 태도에 신경을 좀 써. 네 엄청난 장점들이 거슬리는 단점 하나 때문에 묻혀버린다면 억울하지 않겠어? 내 오늘 큰 맘 먹고 똑똑한 처세 팁 하나 날려줬다, 고맙지?"

바지 지퍼를 후딱 올린 나상준이 휘파람을 불며 먼저 돌아섰다. 도영재 같은 친구는 괜히 분위기 심각하게 잡고 이야기하면 튕겨나갈지도 몰랐다. 그게 조심스러워 여태 입을 열지 못했다. 하지만 그의 태도는 분명 팀워크를 방해하는 요소였다. 그가 홍 과장을 계속 무시하는 눈빛으로 본다면 그의 후배인 신미정 역시 아무렇지 않게 비슷한 태도를 취할 것이다. 이상하게도 그런 건 전염성이 강해서 곧바로 팀 전체가 그런 분위기로 가버릴 것이다. 그러면 홍 과장의 티모스를 부활시키기 힘들뿐더러 팀 화합도 물 건너가 버린다. 홍 과장이 한 건 해낸 오늘이야말로 도영재에게 이 조언이 가장 잘 먹힐 것이었다.

4팀은 그날 밤 작전회의를 시작했다. 시간이 얼마 없었다. 서둘러 진행해야 했다. 낮 동안 그토록 사랑스럽던 홍 과장은 밤이 되니 꾸벅꾸벅 졸고 있었다. 하, 역시 사람은 쉽게 변하지 않는다.

"그럼 PT는 일본어로 해야 하나요? 팀장님 일본어 할 줄 아세요?"

"홍 과장이 하면 딱인데. 아무래도 입이 많이 굳었을 테니……."

"네? 홍 과장님이 PT……까지요?"

도영재가 큰 소리로 말하려다가 아까 화장실에서의 일이 떠올랐는지 목소리를 팍 낮추었다. 역시 또 한 번 반복건대 사람은 쉽게 변하지 않는다.

하지만 끈질기게 믿고 기다릴 줄 아는 것 또한 팀장의 능력 아니겠는가. 아, 좋은 팀장 되는 길이 이렇게 멀고 험할 줄이야. 유 원장 말이 맞았다. 나상준 자신이 먼저 뼛속까지 바뀌어야 이기는 게임이었다.

"조직은 한 가지만 확실히 잘해도 살아남을 수 있는 곳이야. 도영재에겐 좋은 아이디어가 있지. 그걸 잃고 싶지 않아서 회사가 너를 품고 있는 거잖아, 맞지? 그러면 홍 과장은 왜 품고 있을까? 인간미에 외국어 실력에 타의 추종을 불허하는 광고주 접대 실력까지, 따져보니 무려 세 개나 되잖아? 이 정도면 경쟁력 확실한 거지, 뭐."

"정말이지 오늘 홍 과장님, 여러 번 다시 보이네요."

쑥스러운 듯 그리고 조금은 미안한 듯 도영재가 웅얼거렸다.

"한 가지 더 있어. 지금은 아무것도 드러내지 않아서 그렇지만, 한때 전설의 AE였어. 바로 네 직속 선배인 셈이지."

"예에?"

도영재가 눈을 동그랗게 뜨며 믿을 수 없다는 표정을 지었다. 그때였다.

"드르렁, 드르러어엉."

"한 가지가 더 있어용. 회의 시간에 코 고는 거. 정말 대범하시지 않아용?"

신미정의 말에 다들 한바탕 웃고 말았다. 꾸벅꾸벅 졸던 홍 과장은 어느새 엎어져 코를 드르렁 골기 시작했다. 대놓고 자기 칭찬을 하고 있는 줄도 모르고. 으이구, 곰 같은 사람.

"장 대리, 각 방송사 드라마국에 연락해서 대본 받아뒀어?"

"네. 낮에 받아서 저희끼린 벌써 공유했어요."

"음 좋아. 후보로 오른 작품들이 뭐지?"

가장 먼저 해야 할 일이 드라마 선정이었다. 내년 상반기에 새로 시작되는 드라마들이 대상이었다.

"미정 씨는 어떤 게 가장 맞다고 생각해?"

"저는 '아들의 여자'란 드라마가 좋았어용. 주말극인데 그 집 아들 방에 놔주면 어울릴 것 같아용."

"장 대리 생각은 어때?"

"미정 씨 말이 맞아요. 대본을 꼼꼼히 보시면 알겠지만 아들의 캐릭터 자체가 미래지향적이라기보단 과거지향적이거든요."

"김 대리는? 아, 이제 말 안 해도 알아. '장 대리님 생각이 곧 제 생각입니다' 이럴 참이지?"

"아, 아뇨. 아니……, 아닌 게 아닙니다."

"그게 무슨 말이야? 아니 아닌 게 아니라고?"

또 한바탕 웃음이 터졌다. 그런데 김 대리 얼굴이 지나치게 붉어진다. 갈수록 뭔가 의심스러운데? 하지만 지금 그런 걸 따질 겨를이 없으니 일단 넘어가는 걸로.

"도영재 씨 생각은?"

"저도 비슷합니다. 완구 수집이란 게 자기만의 세계가 강한 캐릭터에게 어울리는 취미생활이니까요."

"오케이! 그럼, 좋아. 여러분 생각이 곧 내 생각이야."

나상준은 김 대리를 향해 눈을 한번 찡긋해 보였다.

"그럼 그 드라마로 밀어붙이자고. 드라마 담당 PD와 작가랑 회의하고, 음…… 그담엔?"

"확정되면 PPL을 어떻게 할 건지 구체적으로 그림을 그려야겠죠. 그걸 바탕으로 PT 파일을 만들어야 하구요."

장 대리가 얼굴에 홍조를 띠고 답했다. 역시 똑 부러지는 장 대리다.

원플레이 말고 팀플레이

나상준은 PT를, 홍태만은 통역을 담당하기 위해 일본 출장길에 오르는 날. 두 사람은 '4팀 일동'이라 적힌 선물박스를 받았다. 박스 안에는 청심환과 소화제, 에너지 바가 들어 있었다. 그리고 차곡차곡 접힌 티셔츠 두 개가 들어 있었다. 가슴팍에 4팀의 로고가 박혀 있었는데, 맘에 딱 들었다.

"김 대리님이 직접 디자인한 티셔츠예용. 두 분 편히 계실 때는 이 옷 입고 저희 생각하기예용!"

신미정이 티셔츠를 흔들어대며 말했다.

나상준의 가슴이 뜨거워졌다. 좀처럼 떨지 않는 그였지만 이번 만큼은 출국 전부터 유난히 긴장하고 있어 내심 걱정이 이만저만 아니었다. 그런데 그런 사실을 말하지 않아도 팀원들 모두가 헤아리고 있었던 거다.

"허허, 이거 원사이즈인가요? 내 건 좀 커야 할 것 같은데."

"홍 과장님. 당연히 넉넉하게 만들었죵. 그리고 이거 스판이라 쫙쫙 늘어나용."

"저희가 공항까지 가서 기를 팍팍 넣어드리겠습니다."

김 대리가 자동차 키를 들며 말하자 나머지도 가방을 챙겨 들고 따라나섰다. 진짜 다들 공항까지 배웅해줄 참인가 보다. 나상준은 말리지 않았다. 맘 같아선 일본까지 모두 함께 가서 글로벌 기업에서 펼쳐지는 PT 현장을 경험케 하고 싶었지만, 현재 회사 재정상 그건 무리다. 그래서 다만 공항까지라도 혼자가 아닌 팀과 함께이고 싶었다. 그 생각은 다른 사람들도 마찬가지였나 보다.

"팀장님, 과장님. 우리가 반드시 이길 거예요, 파이팅!"

공항에서 팀원들의 힘찬 배웅을 받으며 드디어 비행기에 몸을 실은 두 사람. 비행기가 이륙하자 가슴께가 다시 뻐근해졌다.

"홍 선배, 긴장돼요?"

"그게, 등에서 땀이 삐질삐질 나네요. 허허."

"이번 일 잘되면 나도 선배도 다시 날아오를 수 있어요."

나상준이 홍 과장에게 의미심장한 미소를 건넸다. 나상준은 진심으로 홍 과장의 재기를 바라고 또 바랐다. 그러기 위해선 이번에 반드시 해내야 했다.

이번 PT를 준비하는 데는 어려움이 많았다. 애마 시리즈를 끝으로 나상준 역시 큰 무대에 선 적이 없다. 아무리 그가 한국의 스티브 잡스라고 하지만 기계로 치면 반년 가까이 기름칠을 하지 않은 셈이다. 그러니 녹이 슨 게 당연지사다. 또 통역을 해줄 홍 과장과의 호흡도 중요했다. 나상준이 물처럼 자연스럽게 흘러야 그도 버벅대지 않을 것이다. 그나저나 홍 과장의 입은 녹이 슬다 못해 이끼까지 끼었을 텐데, 이를 어쩐다? 그도 한때는 내로라 하던 프레젠터였다지만, 세월이 세월 아닌가.

일본으로 떠나기 며칠 전, 유 원장을 찾은 나 팀장은 그에게 걱정을 살짝 털어놓았다.

"저도 저지만 홍 과장 입이 아주 많이 굳어서 걱정입니다. 둘이 리허설을 하며 맞춰볼 시간도 이틀밖에 없고요."

"근데 왜 둘이서만 해? 다 같이 하지 않고?"

"아니, 원장님. 팀원들 앞에서 버벅대면 어쩌라고요. 자존심이 있지……."

"헐! 목숨을 거네, 어쩌네 하더니만 아직도 자존심이 더 중요한 거야? 팀워크를 위해서라면 자존심도 버릴 줄 알아야지. 리더는 완벽한 존재란 편견을 버려. 리더도 실수할 수 있고 모르는 건 물어볼 수도 있는 거지, 뭐뭐. 그게 어때서?"

아! 아직도 완벽하게 보이고 싶다는 욕심을 다 내려놓지 못했나보다. 다른 건 몰라도 PT만큼은 빈틈없어 보이고 싶었던 게 그의 진짜 속내였다. 하지만 현실은 반년간의 공백을 메워야 하는데, 땜질할 시간은 고작 이틀밖에 없다는 것. 팀원들 앞에서 서툰 모습을 그대로 보여주며 빠르게 교정하는 수밖에 없다.

"제가 또 생각이 짧았네요. 여하간 제가 시간이 없어요. 준비 잘

해서 출장 다녀온 뒤에 다시 오겠습니다."

"그래, 건투를 빌어. 보고 싶을 거야."

두 사람은 단 이틀 동안 나머지 네 명의 팀원을 광고주라 생각하고 실전처럼 리허설을 했다. 10년 만에 무대에 선 홍 과장은 손까지 덜덜 떨면서 버벅대기 시작했다. 하지만 아무도 그를 한심한 눈으로 쳐다보지 않았다.

"과장님, 힘내세요! 잘하실 수 있어요. 어깨에 힘을 조금 빼시고요. 입운동 다 함께 해요. 자, 아, 에, 이, 오, 우."

안 그럴 것 같은 장민주 대리가 나서서 입을 우스꽝스럽게 움직이자, 신미정과 김영근 대리도 뒤따라 입을 큼직큼직하게 상하좌우로 움직였다. 도무지 안 따라 할 것 같은 도영재도 눈까지 동그랗게 떠가며 입을 풀었다.

팀원들의 간절한 마음이 하나둘 모이자 마치 전기를 일으킬 듯 강렬한 무언가가 홍 과장에게 전해졌다. 순간 꺼져 있던 그의 티모스에 드디어 불이 들어왔다. 그도 두 눈을 질끈 감은 채 입을 크게 이리저리 움직이기 시작한다.

"아, 에, 이, 오, 우, 아, 에, 이, 오, 우."

필사적으로 노력하는 홍 과장의 모습, 그리고 그를 격려하기 위해 온 힘을 다하는 팀원들. 나상준은 가슴에, 그리고 온몸에 전율이 일었다. 아, 팀의 진정한 티모스란 바로 이런 거구나.

"이것 봐, 나도 좀 봐줘. 나도 녹슬었단 말야. 강약 조절이 잘 안된다구."

나상준이 투정 아닌 투정을 부려보았다.

"하하. 맞아요, 팀장님. 시작부터 왜 이렇게 눈에 힘을 주세요? 그러다 실핏줄 터지겠어요."

"말이 너무 빠릅니다. 한 템포 늦춰주세요."

"맞아용. 홍 과장님이 통역하려면 좀 천천히 말씀하셔야죵."

"빔 너무 휘두르지 마세요. 시선이 분산되고, 어지러워요."

팀원들의 지적이 쏟아져 나왔다. 그 역시 문제가 한두 가지가 아니었다. 알았다구, 알았어. 나 이거 참. 나상준 오늘 스타일 무진장 구기네.

그렇게 4팀은 이틀 동안 팀워크를 불살랐다. 그들의 머릿속엔 오직 PT 성공밖에 없었다. 다른 잡념은 끼어들 여지가 없었다.

"귀사의 프레젠테이션에 참가할 기회를 주셔서 감사합니다. 신제품 완구의 PPL용 드라마로 저희는 NBS 주말연속극 '아들의 여자'를 선정했습니다. 내년 3월부터 총 40부작으로 방영될 예정이며, 주인공은 아들과 그의 여자친구입니다. 드라마 대본을 보면 유난히 아들의 방이 많이 등장하죠. 아직 미혼이지만 독립해서 작은 오피스텔에 혼자 살고 있는 아들은 한국의 대표적인 도시형 싱글남입니다. 요리를 좋아해 집에서 혼자 요리해 먹는 장면이 많죠. 여자친구와의 데이트 장소도 주로 집입니다. 성격 자체가 내성적이라 집에서 혼자 책을 읽거나 술을 마시는 장면도 많이 나옵니다. 방 장면은 극이 중반부로 치달을수록 갈등이 고조되면서 더 자주 등장합니다. 아들이 혼자서 고민하는 장면이 그만큼 많기 때문이죠. 회당 방 장면만 평균 10회가 나오니 굉장한 노출인 겁니다."

이웃 나라에서의 PT인지라 긴장했던 것도 잠시, 프로젝터의 스크린이 켜지자 예의 자신감 넘치는 말투, 강약을 조절하는 톤, 눈빛과 손짓 하나까지 완벽하게 어우러진 나상준의 무대가 펼쳐졌다. 이 무대는 사람들의 시선을 사로잡았다. 자리에 모인 모든 사람이 숨죽이며 나상준을 지켜보고 있다. 그는 마치 연극무대에 서 있는 배우 같았다. 그리고 또 한 명의 훌륭한 배우는 바로 홍태만 과장이었다. 나상준의 뉘앙스를 정확히 살려서 통역했다. 이틀간의 리허설이 도움이 된 것도 있겠지만, 그동안 숨기려고 애써왔던 주머니 속의 송곳이 튀어나온 듯했다. 홍 과장 역시 자기 역할에 완전히 몰입해 있었다. 그들의 멋진 이중주가 끝나자 기립박수가 터져 나왔다.

"선배, 솔직히 말해봐요. 실전보다 리허설 때 더 떨렸었죠?"

호텔로 돌아와 비로소 두 다리 쭉 뻗고 생수를 벌컥벌컥 들이켜던 나상준이 홍 과장에게 물었다.

"허허, 글쎄요. 그게……, 나대지 말아야 한다고 스스로에게 너무 오랫동안 주입했던 터라. 팀원들 앞에서 통역을 하려니……."

"그랬을 거예요. 오랫동안 써먹지 않은 걸 써먹으려니 어색한 거지. 그게 원래 선배 모습이었음에도 말이죠."

하지만 팀원들과 함께한 리허설이 없었더라면 오늘의 기립박수도 없었을 것이다. 그러니까 일본에서 받은 기립박수는 두 사람뿐

아니라 4팀을 향해 터진 찬사였다.

두 사람이 한국으로 돌아오고 얼마 후, 일본의 광고주로부터 전화가 걸려왔다. 모두가 숨죽이며 통화 중인 홍 과장의 입을 주시했다.

"허허. 도모 아리가토 고자이마스."

긴 시간의 통화를 마친 홍 과장이 또 허허 웃고 있다.

"뭐야? 뭐라는 거야?"

"허허. 저희를 한국의 에이전시로 삼겠답니다."

"야호!"

다들 환호성을 지르며 서로 얼싸안았다. 그 환호성이 건물 전체를 흔들어놓을 듯했다.

THYMOS

CHAPTER 5
최후의 승자

우리의 열망이
우리의 가능성이다.

새뮤얼 존슨

화려한 부활

"역시, 나 팀장밖에 없어. 옛말 틀린 거 하나도 없네. 구관이 명관이고말고. 당신은 누가 봐도 본부장감이야. 회사를 살려냈고, 나를 살려냈어. 고맙네."

이화승 사장의 병실. 아직 몸이 성치 않은 그는 눈물을 글썽이며 나상준에게 연신 고맙다고 말했다.

"감사합니다. 어서 쾌차하셔야죠."

"그래야지. 벌써 나은 기분이야. 고맙네, 고마워. 내 바로 인사팀에 전화하겠네. 내일부터 본부장 자리에서 일을 맡아주게. 회사로 돌아가는 대로 정식 취임식을 열 테니."

"사장님, 그러면 제게 인사권을 주실 수 있나요?"

"뭐든 못 주겠는가. 다 알아서 하고 보고만 하게. 난 무조건 서명하겠네."

나상준은 본부장이 되었다. 박무상 본부장은 허위광고 사건 직후 회사에서 나갔다. 아니, 쫓겨났다. 그 후 내내 비어 있던 본부장 자리였다. 1년 가까운 시간 동안 얼마나 고대하던 자리였는가. 그러고 보니 옷장에 본부장표 양복이 걸려 있다는 걸 까맣게 잊고 지냈다. 그때 양복을 사면서 스타일리스트에게 허세를 부리던 자신의 모습이 떠오르자 쥐구멍에라도 들어가고 싶어졌다. 그 뒤로 무슨 일이 있었지?

'아, 추워. 눈이라도 올 것 같군.'

병문안을 마치고 병원을 나온 그는 코트 깃을 여민 채 인근 카페로 총총거리며 들어갔다. 매서운 겨울 바람에 따뜻한 커피 생각이 간절해졌다. 그는 카페에 앉아 두 손으로 컵을 감싸 쥐었다. 그러곤 눈을 감고 지난날을 떠올렸다.

본부장표 양복은커녕 발바닥에 땀띠 나도록 뛰어다니느라 와이셔츠 목이 누렇게 변하는 일이 다반사였던 시간들, 심지어 바쁜 날은 아무 생각 없이 전날 벗어놨던 와이셔츠를 다시 입고 출근할 정도로 허둥댄 시간들이 그의 머릿속을 스쳐 지나갔다.

'진짜 깔끔병이 절로 나았군.'

그가 혼잣말을 하며 히죽 웃었다. 앗, 이건 유 원장의 전매특허 웃음인데?

"그러니까 당신 혼자만 튀려고 욕심부린 거야. 그러면 더 빨리 가고 높이 날 것 같지? 저얼대 그러지 못해. 왜냐? 팀원의 티모스라는 게 꼭 있어야 하는데. 쿨럭쿨럭. 에고, 목 아파라. 미안해. 감기 걸렸어. 오늘은 오전 진료만 마치고 나도 내과 갈 거야. 날씨 때문에 면역력이 떨어져서 감기 바이러스가 침투했지 뭐야. 에이취!"

진료실에서 새어나오는 유 원장의 목소리가 맹맹하다. 기침도 하시네? 좀 쉬셔야 하는 게 아닌지 걱정이 되는 나상준.

"오랜만이야야. 보고 싶었어."

나상준의 손엔 일본 출장에서 사 온 모찌가 들려 있었다.

"이거 받으세요. 원장님 선물입니다."

"와, 신난다 신나. 고마워. 우리 쪼롱이랑 맛있게 나눠 먹을게."

나상준이 진료실 한편의 쪼롱이를 바라보았다. 누군가를 살뜰히 챙기는 일, 애정을 주는 일이 인생에서 얼마나 중요한 일인지 이제는 누구보다 잘 알고 있다. 결국 일도 사람이 하는 거다. 진심 어린 애정이야말로 사람을 바꾸고 사람을 키운다. 잠들어 있는 티모스를 자극한다.

"쪼롱이랑 대화도 하시나요?"

"그러엄. 언어는 달라도 마음은 다 통하지. 내가 시무룩하면 쪼롱이도 시무룩해져서 밥도 잘 안 먹고 그래. 그니까 쪼롱이를 위해서라도 나는 불끈불끈 힘을 내야 해. 감기 어서 나아야지. 에이취!"

마음은 다 전해진다. 새와 사람 사이도 그러한데 하물며 사람과 사람 사이는 오죽할까?

"저 본부장 됐어요. 아직 취임식은 안 했지만. 다 원장님이 도와주신 덕이에요."

"정말, 정말, 정말, 정말? 축하해! 엄청, 엄청, 엄청 축하해. 봐, 같이 가면 느린 것 같아도 결국 더 높이 날잖아. 그게 바로 팀의 티모스야. 마침내 해냈구만, 꼴찌 팀이 말이야."

나상준보다 더 신이 난 듯 유 원장이 짝짝 손뼉을 치면서 속사포처럼 말을 쏟아냈다. 유 원장은 남의 일을 자기 일처럼 기뻐하는 사람이다. 나상준은 그동안 자신이 왜 이곳을 그렇게나 열심히 찾아왔는지 알 것 같다.

"사실 말이지, 당신이 마라톤 대회에 나갈 때 난 딱 감이 왔어. 당신은 해낼 거란 거 말야. 마라톤 대회 기억나?"

기억하다마다. 내 안의 타오르는 티모스를 비로소 뜨겁게 느꼈던 그 순간을 어떻게 잊을 수 있겠는가. 그 경험은 나상준에게 매우 특별했다. 내가 나 자신을 뼛속까지 인정해주니 남들의 인정 같은 건 크게 중요하지 않아졌다. 왜 중장년 남자들이 그렇게 비장한 표정으로 온 힘을 다해 달리는지도 비로소 이해할 수 있었다. '내가 조직의 한 부품으로 소모되고 말 사람으로 보이더냐. 자, 똑똑히 봐라. 오직 이 두 다리로 우직하게 밀고 나가는 나라는 존재를!' 많은 이들이 속으로 외치면서 이를 악물었던 거다. 회사에서 까이고 넘어질지언정, 절대 쓰러지지 않을 자부심과 자존감을 그곳에서 찾아내는 거였다.

"만나서 이야기해보면 나쁜 사람이 어디 있어? 사람은 다 좋아. 착하고. 근데 말이야. 사람은 조금 변태적인 면도 있어야 해. 스스로를 피곤하게 만드는 면도 있어야지. 그래야 내 티모스를 죽이지 않고 잘 살려가며 살 수 있거든."

"티모스를 죽이는 사람도 있어요? 쓰지 않아서 위축되는 게 아니고요?"

"자신도 모르게 죽이는 거지. 티모스가 위축되어버리면 내가 없어지는 거야. '나만의 것'이 없어지는 거라고. 이리 와봐봐."

유 원장이 그를 창가로 이끌었다.

"많은 직장인이 저 길을 지나가지. 시간 되면 출근하고 시간 되면 퇴근하는 사람들. 회사에서는 불평하고, 남 이야기라면 열을 올리고, 세상이 잘못된 점을 지적할 때 가장 눈빛이 빛나지. 그렇게 세월이 지나고 있어. 자, 더 나은 미래가 올까? 미래가 되면 자신은 더 나은 사람이 되어 있을까? 아니지. 그렇게 살면 티모스는 점점 더 퇴화해버린다구. 결국 조직을 떠나서는 아무것도 할 수 없는 사람이 되는 거야."

출근 시간은 지났고 점심때는 아직 일러 창밖으로 내려다보이는 거리는 비교적 한산했다. 그런데 3층 높이에서 내려다보니 오가는 사람들이 훨씬 객관적으로 보였다. 거리가 꽉 차면 하나의 덩어리, 군중이라는 이름으로 불리겠구나. 그들은 각자 흩어져서도 비슷비슷한 삶을 살아가고 있고……. 두서 없는 생각을 이어가던 나상준은 유 원장이 자리로 돌아가자 자기도 돌아와 앉았다.

"정말 걱정이야. 많은 사람의 티모스가 퇴화되어 있어. 그걸 되살려야 하는데……. 출발점은 자신이 스스로를 온전하게 인정하는 거야. 지나친 소심보다는 약간의 자뻑이 더 낫지. 그래서 당신한테 마라톤을 뛰어보라고 했던 거야."

"저도 마라톤을 뛰면서 그런 생각을 많이 했어요. 남들의 인정보다 내가 나를 인정하는 것이 더 중요하다는 것을 그때 알았죠."

"제대로 체험했구만. 그나저나 마라톤 또 뛸 생각 있어? 나랑 같이 나갈까? 벚꽃 피는 봄에 경주에서 달려보는 건 어때? 생각만 해도 로맨틱하다, 그치그치?"

로맨틱? 유 원장과 내가? 끙. 어쨌든 그림은 잘 안 그려지지만 마라톤 대회에는 꼭 다시 나가고 싶다.

"당신은 내가 마라톤을 통해 얻을 거라 기대했던 걸 다 얻고 왔어. 정말 최고의 환자라니깐. 그전에 당신은 늘 일류라고 자부하며 살았었잖아. 하지만 그게 다 무슨 소용이었지? 그리고 일류라는 건 누가 정하는 거지? 남들의 기준으로 일류라고 해봐야 소용없어. 언제든 위기가 닥치면 금방 무너져버리지. 자기 기준이 분명해야 하는 거야."

"네, 맞아요."

"숙명의 라이벌인 제갈공명과 사마의, 알지?"

"그걸 어떻게 모르겠어요."

"촉나라의 운명은 제갈공명의 어깨에 달려 있었지. 관우, 장비에 이어 유비마저 세상을 떠나버린 후에 말이야. 다시 북벌에 나서 오장원에 진을 쳤는데 돌풍이 불어 촉의 군기가 부러진 일이 생겼지? 그때 제갈공명은 '하늘마저 날 버리는구나'라며 절망했어. 물론 전우들은 모두 세상을 뜨고 홀로 남은 그는 무척 외로웠을 거야. 난 제갈공명의 심정이 이해가 되고도 남아. 하지만 하늘의 뜻은 아무도 모르는 거잖아? 그냥 제갈공명이 자신의 불안한 감정을 부러진 깃발에 투사시킨 것뿐이지. 결국 제갈공명은 그 뒤로 시름시름 앓다가 세상을 떠나지. 제갈공명이야말로 천재 전략가잖아. 그런데도 그렇게 맥없이 꺾이고 말았어."

"제갈공명은 한때 제 우상이었어요. 못 하는 게 없고 모르는 게 없는 최강 캐릭터였죠."

"그 반대편에 서 있는 사람이 사마의야. 사마의는 어땠어? 삼방곡에서 제갈공명의 화공을 받아 절체절명의 위기에 처하잖아. 그런데 그때 하늘에서 비가 내리기 시작한 거야. 이때 사마의는 제갈공명과 반대로 생각했어. '하늘마저 나를 돕는구나' 라고 말이야. 사마의는 요샛말로 하면 만년 이류였어. 늘 무시당하면서 숱한 수모와 설움을 겪었잖아. 하지만 그럴 때마다 잡초처럼 살아났지."

"맞습니다. 결국 삼국을 통일한 것도 그의 후손이잖아요."

"그래. 최후의 승자는 일류가 아니라 인내하고 끝까지 살아남은 이류라는 걸 역사가 말해주는 셈이야."

"끝까지 살아남은 이류라면 바로 여기 샘플이 있어요. 저 말입니다. 아니, 저희 팀이죠. 무너져가던 이후기획을 살려낸 게 좌천 팀이라고 무시당하던 우리 4팀이었잖아요. 홈쇼핑 대타 방송에 투입되었을 때, 우리 팀 전원은 사마의처럼 생각했습니다. '하늘이 우리를 돕는구나!' 라고요."

"그렇지, 바로 그거야. 이제 보니 티모스가 완전히 살아난 것 같

아. 이제 한동안 얼굴 보기 힘들어질 것 같네? 그래도 가끔 들러줄 거지?"

　생각해보면 이류로 살았던 지난 반년이 나상준의 직장 경력에서 가장 행복하고 가슴 벅찬 시기였다. 일류 자리를 뺏길까 봐 전전긍긍하던 때로 돌아가고 싶지 않다. 그런데 본부장이 되었다. 이제부턴 어떻게 해야 할까? 다시 두렵고 불안하다.

　"원장님, 사실 어깨가 무겁습니다. 이제 저한테 딸린 식구가 4팀만이 아니라서요. 앞으로 모든 직원을 이끌어가야 하는데, 솔직히 제가 그 깜냥이 될지 두렵네요. 전사적으로 마라톤 대회에 출전해볼까요?"

　"에그 참, 내가 전에 말했잖아. 시작엔 항상 두려움과 희망이 함께한다는 거 말이야. 마라톤 대회는 나랑 나가고, 취임식 전에 팀 전체 단합대회 겸 여행이나 한번 다녀오지 그래? 에이취!"

　"여행이요?"

멀리 가려면 함께 가라

　나상준 팀이 감동적인 부활 스토리를 써가는 동안 노혁재 팀의 팀원들은 시들시들 말라가고 있었다. 이화승 사장은 박무상 본부장은 목을 쳤지만, 노혁재는 살려두었다. 아마도 그 허위광고가 노혁재가 아니라 박무상의 꼼수에서 출발한 것임을 알았던 것이리라.

　가까스로 살아남은 노혁재는 재기를 꿈꿨다. 나상준이 그랬던 것처럼 스스로 일을 찾아 나섰다. 하지만 아무도 그에게 광고를 맡기려 하지 않았다. 일이 뜻대로 되지 않자 노혁재의 감정 상태는 하루에도 수십 번씩 롤러코스터를 탔다. 우울했다가 화가 났다가 무기력해졌다. 가끔씩 갑자기 의욕이 솟구치다가도 금세 두려움에 덜덜 떨기도 했다. 그 피해는 고스란히 팀원들에게로 돌아갔고, 분위기는 갈수록 험악해졌다.

　급기야 사고까지 터지고 말았다. 노혁재가 홧김에 잡지를 던졌는데, 그게 한 팀원의 이마를 정통으로 때린 것이다. 하필이면 잡지 귀퉁이에 맞아 그 팀원은 이마가 찢기고 얼굴이 금세 피투성이가 됐다. 하지만 노혁재는 아직 자기 화도 삭이지 못한 터라 그에게 제대로 된 사과조차 하질 않았다. 도리어 발을 탕탕 구르며 몇 마디 소리를 더 지르더니 밖으로 나가버렸다. 그 팀원에게 응급조치를 하고 병원으로 데리고 가고 어쩌고 하는 동안 사무실은 점점 부글부글 끓기 시작했다. 이곳저곳에서 불만이 터져 나왔다. 결국엔 사무실 전체가 분노의 불길에 휩싸였는데, 이를 진정시킬 만한 사람도 없었다.

다음 날부터는 분위기가 예전과 완전히 달라져버렸다.

"먼저 퇴근합니다. 팀장님."

"야, 여섯 시밖에 안 됐어! 광고회사에서 칼퇴근이 웬 말이야?"

"죄송해요, 오늘 저희 엄마 생신이어서요."

"저런 건방진……!"

"저도 갑니다. 부모님 결혼기념일이라서요."

"뭐? 야, 어디서 거짓말이야? 너희 아버지 몇 년 전에 돌아가셨잖아!"

"작년에 재혼하셨어요. 그럼 이만. 어서 가봐야 해서요."

"아이고, 저 망할 자식. 이제 거짓말도 하네."

"저도 갑니다. 여동생 생일이라서요."

"남동생 내일 군대 가거든요."

"이런 육시랄 놈들!"

노혁재의 목소리는 여전히 컸지만 이미 권위는 한 푼어치도 없었다. 정시 퇴근은 시작에 불과했다. 다음 날은 모든 팀원이 일괄 반차를 쓰는 바람에 오후엔 노혁재 혼자만 덩그러니 사무실을 지켰다. 그다음 주엔 모두 같은 날 월차를 쓰는 통에 종일 혼자서 멍하니 있어야 했다. 그야말로 뼛속까지 외롭고 괴로운 순간들, 노혁재로서는 감당하기 힘든 시련들이 물밀듯 밀려오고 있었다. 하지만 노혁재만 외로운 건 아니다. 1·2팀 팀원들 모두 길 잃은 아이처럼 외롭고 불안했다. 자기 몸 하나 아늑하게 비빌 곳 없는 노숙인처럼 시리고 침통했다. 티모스를 불사를 일 자체가 없는 직장인의 삶이란 건 그런 거였다.

"다들 모여줘서 고마워요."

1·2팀 팀원 전원이 한 주점에 모였다. 나상준이 마련한 자리다.

"노 팀장을 욕할 생각은 없어요. 알다시피 저 역시 그와 비슷한 시절이 있었으니까요. 직원들 가슴에 상처를 내는 것도 모자라 대못을 쾅쾅 박고도 뭘 잘못했는지 몰랐던 때. 불과 얼마 전까지만 해도 그게 제 모습이었습니다."

솔직히, 미안하고 부끄러워서 고개를 잘 못 들 정도다. 자기 귀에 안 들려서 그렇지, 사람들은 등 떠밀려 회사를 떠나면서 얼마나 욕했을까. 세상사는 인과응보다. 남의 눈에 눈물 나게 하면 언젠간 내 눈에서 피눈물이 흐른다. 결국 그도 피눈물을 뚝뚝 흘려야 했고, 철저한 반성 끝에 밑바닥부터 새로 시작했다.

"여러분의 마음을 충분히 이해합니다. 아직 공식 발표는 나지 않았지만, 부족한 내가 본부장이 되었어요."

"축하드립니다. 나 팀…… 아니, 본부장님."

그 소문은 이미 전사적으로 퍼져 있었다. 물론 거기에는 신미정이 큰 활약을 했고 말이다.

"아직 축하받기는 이르지요. 축하는 여러분이 다시 열정의 꽃을 활짝 피울 수 있는 환경을 만들어낸 다음에 받겠습니다. 무엇보다 사람을 소중하게 생각하는 회사, 여러분이 각자 가진 능력을 맘껏 발휘하고 열정을 키워나갈 수 있는 회사로 만들 겁니다. 아, 물론 지금은 내 말을 믿기가 어렵겠지요. 제가 저지른 악행이 있으니 믿어달라 하는 것도 염치 없는 짓이고요."

나상준은 그만 말끝을 흐렸다. 진땀이 나서 손바닥으로 이마를 훔쳤다.

"아니에요. 저희가 뭐 바본가요? 솔직히 그동안 저희, 4팀 정말 많이 부러워했습니다. 4팀에서 웃음소리 새어나올 때마다 얼마나 샘났는데요. 우리도 저 팀으로 가고 싶다……, 그런 얘기 많이 나눴어요."

"정말이에요. 솔직히 말씀드려서 전에는 욕 많이 했어요. 그렇지만 본부장님이 다른 사람이 됐다는 걸 이제는 모두가 인정하고 있어요."

"잘해보자, 이렇게 말하는 건 전제조건이 있어야 한다고 봅니다. 회사 분위기가 어수선해서 뭘 어떻게 해야 잘하는 것인지 알 수가 없는 상황이거든요."

"맞아요. 이 상태로는 안 됩니다."

여러 의견이 봇물처럼 터져 나왔다. 가만히 귀를 기울이고 있던 나상준이 입을 열었다.

"먼저 팀 배치를 다시 하려고 해요. 사장님이 저한테 모든 인사권을 주셨습니다. 여러분 한 사람 한 사람이 가진 능력을 더 잘 발휘할 수 있는 팀 배치를 구상하고 있어요. 아침에 일어나면 신이 나서 달려올 수 있는 직장으로 만들고 싶습니다. 여러분의 열정을 회사에 다시 한 번 파세요. 그 꽃이 만개할 수 있도록 제가 온 힘을 다해 돕겠습니다."

나상준이 진심을 다해 한 단어 한 단어에 힘을 주어 말했다.

"자, 그럼 태업 사태는 이쯤해서 마무리할 거죠?"

누구도 얼른 대답을 하지 않았다.

"무언은 곧 긍정이죠?"

"네, 본부장님."

그제야 짧게 답하는 그들.

"고마워요, 여러분."

"아니에요. 저희가 고맙습니다. 이렇게 속 시원히 얘길 해본 게 얼마만인지 모르겠어요."

나상준은 안쓰러워서 가슴이 뭉클했다.

"인디언 속담에 '빨리 가려면 혼자 가고, 멀리 가려면 함께 가라' 란 게 있다고 해요. 이기적으로 빨리 달리다 고꾸라져보니 그 말의 깊은 뜻을 깨닫게 되더군요. 요즘 같은 세상에 직장에 뼈를 묻는다는 말이 구태의연하다는 건 압니다. 그럼에도 이곳 이후기획에서 여러분과 아주 오래도록, 멀리까지 함께 가고 싶습니다."

그저 사탕발림이 아닌 진심 어린 구애라는 것을 나상준의 눈빛이 말해주고 있었다. 진심은 통한다. 잠시 침묵이 흘렀다. 모두 가슴이 먹먹해진 탓이다.

"그럼 다시 뭉친 기념으로 건배합시다. 이후기획의 부활을 위하여!"

"위하여!"

"위하여!"

기분 좋게 술잔을 들이켠 후 나상준이 갑자기 생각난 듯 가방을 뒤적였다. 그러곤 자료 뭉치를 꺼냈다.

"이건 티모스라는 자료인데, 다들 집에 가서 읽어봐요."

칭찬의 마법

"떠나용. 둘이성. 아니 아니, 여섯이성~. 모든 걸 훌훌 버리공. 제주도 푸른 밤 그 별 아랭~."

제주도행 비행기가 하늘 높이 날아오르자 신미정이 신이 난 듯 콧소리를 섞어가며 노래를 불렀다.

"노래 부를 때도 용용거리는군."

두 손 두 발 다 들었다는 듯 중얼거리는 도영재.

"왜? 귀엽기만 하구만. 개사 센스도 끝내주고. 여섯이성~. 하하."

나상준이 귀여니 흉내를 내면서 장난스럽게 웃어 보였다.

"안 귀엽다는 게 아니라……."

신미정은 확실히 팀 내 분위기 메이커였다. 그거 하나만으로도 나상준 입장에선 여간 고마운 일이 아니었다. 팀 전체가 물먹은 솜처럼 축축 처져갈 때, 그녀가 하이톤으로 용용거리며 한마디만 해도 모두가 배시시 웃곤 했으니까.

이화승 사장이 특별히 빌려준 별장에 짐을 풀었다. 푸르른 잔디 위의 하얀 집, 그리고 쏟아지는 햇살과 탁 트인 전경. 낙원이 따로 없다. 서울과 달리 제주도의 날씨는 제법 푸근했다. 그들의 마음처럼.

오늘 저녁엔 바비큐 파티, 그리고 다음 날 아침엔 올레길 산책을 할 예정이었다. 날이 어스름해지자 모두 정원으로 나가 바비큐 파티 준비를 시작했다.

"본부장님은 쉬세요. 저희가 준비하겠습니다. 허허."

홍 과장이 나상준을 휙 들어 안다시피 하더니 정원 한편의 벤치에 억지로 앉혔다.

"허허, 홍 과장. 힘이 장사구만요."

어느새 나상준은 홍 과장의 웃음도 배우고 말았다. 유 원장에 이어 홍 과장까지. 좋아하면 닮는다더니, 허허.

벤치에 느슨하게 기대앉은 나상준은 그들의 움직임을 말없이 바라보았다. 신미정의 호호 깔깔 웃음소리, 홍태만의 허허 웃음소리, 도영재의 헐 소리, 김영근의 '장 대리님'을 외치는 소리, 장민주의 조용한 미소. 이 모든 게 하모니를 이룬 멋진 오케스트라처럼 아름답고 편안하게 느껴졌다.

'이런 게 팀워크란 거구나, 믿음, 온기, 그리고 선의의 경쟁.'

나상준은 두 눈을 지그시 감았다. 물어뜯기기 전에 먼저 물어뜯어야 한다는 생각으로 살았던 시간, 말은 안 했지만 속으로 얼마나 외롭고 고달팠던가. 그것이 정글의 법칙이라고 여겼고 승자가 되기 위해서는 반드시 감내해야 하는 고통이라 생각했다. 하지만 유인정 원장을 만난 후 다른 길도 있음을 알게 되었다. 팀원들과 함께 가는 길 말이다. 자신이 가고 있던 정글의 길 말고, 서로가 서로를 믿고 이끌어주면서 함께 성장하는 길도 있었던 것이다. 그의 티모스에서 한 송이 꽃이 피어오르는 것만 같았다.

"장 대리, 지난번 글로벌 기업 PT 준비 아주 훌륭하게 해줬어. 덕분에 나랑 홍 과장이 크게 애먹지 않고 광고주를 설득할 수 있었지. 이번에 파격 인사가 있을 거야. 기대해도 좋아."

바비큐 파티 자리에서 나상준은 조만간 있을 인사 조치를 공개했다.

"저 이번에 과장 되는 건가요? 본부장님?"

"아니."

"에이, 그럼 뭐예요."

"과장 위에 팀장."

"네? 제가 무슨 팀장씩이나……."

"장 대리는 그럴 자격 충분히 있다구. 그동안 고생 많았어. 믿고 잘 따라와 주어서 고마워."

"본부장님, 정말 감사합니다. 약속을 기억해주신 것만도 고마운데……. 그것도 과장이 아니라 팀장이라니……."

독한 여자 장 대리가 코끝이 벌게지며 울먹인다. 의외의 모습에 다들 놀라서 바라보고만 있는데, 김 대리가 손을 들어 그녀의 눈물을 닦아준다.

"참고로 두 사람은 이제 다른 팀으로 배치될 거야."

"네? 왜 그러십니까?"

김영근 대리가 발끈했다.

"그 꼴 보기 싫어서! 하하, 농담이고. 그게 서로에게 좋지 않겠어? 김 대리 잘 생각해봐."

"어, 저희 사이……, 눈치채셨나요?"

"아융, 김 대리니임. 우리가 뭐 바보예용?"

신미정이 냉큼 나섰다. 그 말에 김 대리는 뒤통수를 긁적이며 쑥스러워한다. 그러고는 나상준을 향해 다짐한다.

"배려해주셔서 고맙습니다, 본부장님. 저도 열심히 하겠습니다."

"그래, 바로 그거야."

나상준의 뜻이 제대로 전달된 것 같아 다행이었다. 문제는 홍 과장이다. 홍 과장을 팀장으로 승격시키면 다른 팀의 팀원들이 반발할 게 분명하다. 아무리 자리가 사람을 만든다지만 현재로선 팀장 옷이 그에게 맞질 않는다. 그의 티모스는 너무 오랫동안 잠들어 있었다.

"홍 과장, 앞으로 반년만 나랑 일 한번 세게 해봅시다. 아주 잘. 올 하반기엔 분명 변화가 있을 거예요."

"허허, 저야 뭐. 글쎄요."

뭐야, 다시 원위치로 돌아간 건가? 꼭 그렇진 않은 것 같다. 홍 과장의 눈빛이 늘 보이던 무심한 그것이 아니다. 나상준을 향해 따뜻한 빛을 쏘아 보내고 있다.

"자자, 우리 게임 한 판 하자구. 진실게임 알지?"

"진실게임이용? 그거 서로 반말하는 거 아니에용? 진짜…… 해도 돼용?"

신미정이 눈을 반짝인다. 뭐 그리 쌓인 말이 많길래 저리 관심을 보일까? 하긴 반말 하는 게임이라면 막내가 가장 유리하지.

"아니, 진실게임이랑 비슷한 건데 칭찬게임이란 게 있어. 상대방의 장점을 찾아내서 칭찬해주는 거야. 어때? 완전 재밌겠지?"

도영재가 또 헐! 하는 표정을 지었다.

"그게 뭐가 재밌어요. 그럴듯하게 지어내는 말들일 게 뻔한데. 전 그런 거 싫습니다."

"아니야, 해보자구. 재밌을 거야. 자, 그럼 여기 홍 과장부터. 칭찬은 시계방향으로 돌아가니까 나, 홍 과장, 장 대리, 김 대리, 도영재, 신미정 순이야. 그럼 나부터 할게. 홍 과장은 말야. 음……, 샤프하고 속이 깊지. 몸은 좀 동글동글하지만 진짜 샤프한 사람이야. 일본에서 동시통역을 할 때 홍 과장이 보여준 몸짓을 잊을 수 없어. 반짝이는 별 같았다니까? 이상."

"홍 과장님. 음, 믿음직스럽고 누구보다 잠재력이 많으신 분이라고 생각해요."

장 대리가 애써 만들어낸 칭찬이란 걸 잘 알고 있다. 하지만 사실 딱 맞는 말이었다. 부디 홍 과장이 자신의 잠재력을 다시 발산하여 장 대리가 자신의 예지력에 깜짝 놀라는 모습을 보게 되길.

"우리 홍 과장님은……, 사실 이건 비밀인데요. AV 계보를 다 꿰고 계십니다."

"AV가 뭐야?"

"에이, 웬 순진 캐릭터 코스프레? 어덜트 비디오(Adult Video), 성인 영상물이요. 야동!"

김 대리의 폭로에 모두가 귀를 쫑긋했다.

"아니, 뭐야. 왜 그런 일급비밀을 두 사람만 공유하고 있는 거야?"

나상준이 흥분하자 도영재가 아쉬워했다.

"그거 제가 얘기하려 했는데 김 대리님이 선수 치면 어떡해요?"

"뭐? 도영재 너도?"

"홍 과장님은 일본 애니메이션, 영화, AV 마니아예요. 아니지, 마니아를 넘어 덕후예요. 거기서 광고 아이디어를 얻으시는 것 같고, 머릿속에도 아이디어가 가득 차 있으신 것 같아요. 근데 왜 항상 회의실에선 입을 굳게 다무시는지? 아참, 이건 칭찬게임이니까 질문은 나중에……."

도영재도 홍 과장의 능력을 엿본 게다. 아, 일본 완구회사 아이디어도 거기서 얻은 거군.

"옴머, 옴머. 이상한 거 보시는 거예용? 홍 과장님 정말 다시 봤네용. 아, 칭찬해드려야죵? 홍 과장님은요. 음 그러니까……, 아빠 같아요. 저희 아빠랑 진짜 비슷하게 생기셨어요. 배 나온 거랑, 음 또……."

"신미정 씨, 그게 무슨 칭찬이야!"

아니 이게 웬일인가. 도영재가 눈을 치켜뜨며 홍 과장 편을 들다니. 이 얼마나 놀라운 AV의 위력인가.

● 장민주를 향한 칭찬

"정말 천상 여자십니다(곱디고운 우리 자기)."　　　　　　_김영근

"카피의 여신이죠(아, 여신까진 아닌 듯)."　　　　　　　　_도영재

"커리어우먼의 대명사, 마음도 따뜻하고."　　　　　　　　_홍태만

"저의 멘토, 닮고 싶은 상사(성격보단 능력을)."　　　　　　_신미정

"배려 많고, 능력 있고. 음, 사랑도 넘치지(왠지 그럴 것 같아, 김 대리에

게만)."　　　　　　　　　　　　　　　　　　　　　　　_나상준

● 도영재를 향한 칭찬

"아이디어뱅크, 시크남, 간지남, 인기남(그래서 재수 없다)."　_김영근

"앞으로 크게 될 사람(우리 김 대리보다 크면 가만 안 둬!)."　_장민주

"후배지만 배우고 싶은 사람. 아이디어 천재(앞으로 나 무시하면 AV 안 빌

려준다?)."　　　　　　　　　　　　　　　　　　　　　_홍태만

"포스 좔좔, 옷 센스 좔좔. 멋짐(말만 곱게 하면 내 남친감)."　_신미정

"안팎으로 멋진 놈, 잘난 놈(말 좀 이쁘게 해라, 응?)."　　　_나상준

● 김영근을 향한 칭찬

"남자 중의 상남자(부끄, 나한테만)." _장민주

"남 기분 좋게 하는 데 귀재(빈말인 줄 뻔히 알지만)." _홍태만

"숨겨진 매력의 소유자, 아직 캐낼 게 무궁무진한 분(그러지 않고서야 어떻
게 장 대리님이?)." _신미정

"말 잘하는 능력자(가끔 오그라들지만)." _도영재

"사람의 기분을 좋게 하는 천부적인 재능과 쑥쑥 늘어나는 디자인 실력을
겸비한 능력 있는 남자(인심 크게 썼다)." _나상준

● 신미정을 향한 칭찬

"귀여운 동생, 분위기 메이커(너무 용용댈 땐 징그럽다잉?)." _장민주

"동생 삼고 싶다. 귀엽고 깜찍한 그녀(근데 총각한테 아빠가 뭐냐?)."

_홍태만

"귀여운 여동생, 유쾌, 상쾌, 깜찍(끔찍하다, 가끔은)." _도영재

"우리 팀에 없어서는 안 될 마스코트, 귀염둥이(넌 진짜 굴러들어온 호박
(?))." _나상준

"발랄한 마당발, 유용한 소식통(우리 여신님 험담하면 가만 안 둔다)."

_김영근

● 나상준을 향한 칭찬

"샤프한 능력자, 우리 팀의 히어로(개과천선의 대표 케이스)." _김영근

"본받고 싶은 선배, 존경하는 선배, 고마운 분(어떻게 이렇게 변할 수 있지?

존경스러워)." _장민주

"멋진 분, 내 이상형, 이런 남자 찾아용(예전에 안 좋은 얘기 많이 했는데 죄
송해용)." _신미정

"팀원의 티모스를 살려낼 줄 아는 진정한 리더(깔끔하게 진짜다)." _도영재

"고맙고, 또 고마운 분. 따뜻한 카리스마의 대표주자(막말하던 예전 일은 다
잊었습니다. 진짜입니다)." _홍태만

칭찬게임은 훈훈하게 마무리되었다. 칭찬게임을 귀띔해준 건 이
번에도 유인정 원장이다. 칭찬은 고래도 춤추게 한다는데, 하물며
사람이야.

"각자의 티모스를 춤추게 할걸? 사람은 남의 기대와 인정에 부
응하려는 성향이 있잖아. 없는 말도 만들어내 보라구. 히히."

예쁜 말을 하는 것도 연습이 필요하다. 유 원장은 예쁜 말을 평
소에도 적절하게 잘하게 연습할 수 있는 것이 바로 칭찬게임이라
고 귀띔해주었다.

"칭찬이란 게 묘한 거야. 과장된 줄 알면서도 기분이 좋아지고,
칭찬하는 사람을 좋아하게 돼. 그리고 말이 씨가 돼서 진짜 그렇게
된다니까?"

유인정 원장의 말이 맞았다. 다들 괄호 안의 말은 꿀꺽 삼킨 채
상대가 헤벌쭉해질 만한 말만 들려줬다. 그랬더니 신기하게도, 칭
찬게임이 끝난 후 모두 칭찬받은 대로 행동하는 것 같았다. 신미정

은 선배들에게 더 잘했고, 도영재는 자신감이 더 넘쳤다. 장민주 대리는 사소한 것에도 부드러운 카리스마를 발휘했고, 김영근 대리는 더 남자답게 굴려고 하는 것 같다. 홍태만 과장은? 글쎄. 아직 솔직히 잘 모르겠다. 여하간 칭찬 세례, 이거 나쁘지 않다. 아니, 아주 효과 만점이다. 무엇보다 칭찬하는 사람 스스로가 최고의 수혜자다. 사람들 가슴 속 티모스를 타오르게 하는 '티모스 리더'로 성장하게 되니까.

"도영재와 신미정을 위해 내가 좋은 구절 하나 들려줄게. '젊은 이들은 타산적일 만큼 많이 알지 못한다. 바로 그러니까 젊은 세대는 불가능한 일에 도전하며 그것을 이룩한다.' 《대지》의 작가 펄 벅 알지? 그분 말씀이야. 올해도 계속 열정을 갖고 일하도록."

건네주는 덕담에 두 사람은 고마워한다. 도영재는 고개를 꾸벅 숙이고, 신미정은 손뼉을 치면서 깡충깡충 뛴다.

"그리고 김영근 대리는 이제 결혼도 하려면 더 분발해야지? 내가 너무 앞서갔나?"

"네? 하하하. 아니, 그게……."

"또 아닌 게 아닌 건가용?"

신미정이 짓궂게 끼어들자 김 대리만이 아니라 장 대리 얼굴도 빨개진다. 김 대리는 정말 오늘 밤 프러포즈라도 할 것 같은 눈으로 장 대리를 바라보았다. 그걸 보며 다른 네 명은 똑같은 생각을 했다.

'세상일은 아무도 몰라. 특히 남녀 간의 일은. 저 둘이 커플이 될 줄 누가 알았겠어?

다음 날 아침 9시.

"모두 기상!"

이미 트레킹 준비를 마친 나상준이 남자 방, 여자 방을 오가며 문을 쾅쾅 두드려댔다. 하지만 모두 밤새며 놀고 마신 통에 눈도 제대로 못 뜨고 사지만 비틀어댈 뿐이다.

"아, 팀장님. 아니 본부장님. 조금만 더 자면 안 될까요? 진짜 졸리고 피곤해요."

모두가 징징댔지만 나상준은 가차 없이 이불을 걷어버렸다.

"일어나, 이 잠꾸러기들아!"

올레길 21개 코스 중 가장 절경이라는 7코스 외돌개~월평 구간을 완주할 예정이다. 졸린 눈을 비비며 겨우 준비를 마친 시간이 10시. 드디어 트레킹 여정이 시작됐다. 야박하게 일찍 깨운다고 투덜댔던 것도 잠시, 7코스에서 만난 범섬·문섬·섶섬을 보며 모두가 환호성을 질러댔다. 겨울임에도 곳곳에 유채꽃이 활짝 피어 있었고, 거칠 것 없이 탁 트인 바다에 햇살이 비쳐 금빛 수를 놓은 듯했다. 걸음을 내디딜 때마다 새로운 풍경을 만났다. 조물주가 만들어놓은 그 아름다운 작품에 감탄이 끊일 틈이 없었다.

도영재는 뭐가 그리 급한지 혼자서 저만큼 앞서가 있다. 신미정은 유채꽃 앞에서 손가락을 브이 자로 만들며 셀카를 찍기 바빴고, 김 대리는 이제 눈치볼 필요 없이 장 대리 곁을 바짝 따라다니며

열심히 사진을 찍어주었다. 나상준은 홍 과장과 나란히 걸으며 느긋하게 풍경을 감상했다.

"지난번 산책할 때 생각나요? 이렇게 고개를 들고 앞을 보면서 나란히 걸으면, 우리 뇌가 자연스럽게 미래를 생각하게 된다고 얘기했었지요. 우리도 함께, 같은 미래를 생각할 수 있겠죠? 나와 홍 선배가 함께, 우리 회사의 미래 말이에요. 그렇죠?"

"……"

그는 여전히 말이 없다.

"한 번 박힌 못은 뽑아낸다 해도 상처가 남지요. 사람 가슴에 박힌 못은 더하고요. 나도 잘 압니다. 그렇지만 우리 서로 믿어봐요. 우리의 미래를. 우리의 티모스를. 선배는 그저 원래의 자리로 되돌아가면 돼요. 팀원의 티모스를 살리는 회사에선 아무도 선배를 해치려 들지 않을 거예요."

홍 과장이 허허 웃는다.

"노력해보겠습니다, 본부장님. 그리고…… 고맙습니다."

"정말이죠? 어휴, 선배. 난 또 나 혼자 떠드는가 싶어 안달이 났었어요. 한번 안아봅시다."

엉겁결에 나상준의 품에 안긴 홍 과장이 발버둥을 친다.

"아, 두 분 왜 그러세요. 남사스럽게 진짜."

어느새 가까이 온 도영재가 시니컬하게 한마디 던진다. 도영재 저거, 저 시니컬은 언제쯤 고칠 수 있을까? 하긴 그게 네 매력이다, 자식.

"자자, 이리 모여봐. 우리 다 같이 나란히 걸어봅시다."

여섯이 나란히 서니 길이 꽉 찬다.

"평소 걸음보다 좀 빠르게 걷는 거야. 보폭은 좀 넓게. 시선은 위도 아래도 아닌 정면을 향해. 알았지?"

그렇게 그들은 나란히 서서 앞을 향해 빠른 걸음으로 걸었다. 유인정 원장은 걷기를 권하면서 나상준에게 말했다.

"티모스를 활성화하는 데 숲길을 걷는 것만큼 좋은 게 없어. 앞을 향해 나란히 걸으면 모두가 같은 곳을 바라보게 되지. 공동으로 추구해야 할 목표를 바라보게 되는 거야. 한번 해보라구. 내 말이 맞지. 그 상황에서도 자꾸 지난 일을 생각하는 사람이 있다면 당장 나한테 데려와. 치료 대상이니깐. 히히."

서울로 돌아가면 다시 전쟁이 시작될 것이다. 더욱이 이제는 한 팀이 아니라 회사 전체를 어깨에 지고 가야 한다. 하지만 이제는 혼자가 아니다. 동료들과 함께 간다. 이렇게 올레길을 꽉 채운 채, 서로 보폭을 맞춰, 같은 곳을 바라보며 걷듯이 말이다.

유 원장의 티모스

조직 개편도 완료됐고, 망가진 회사를 복구하기 위해 모든 직원이 열심히 뛰고 노력했다. 등 돌렸던 광고주들을 설득하기 위해서 이후기획은 진심과 실력을 모두 보여줘야 했다. 그리고 노력이 헛되지 않았는지 떠났던 몇몇 광고주가 돌아왔다.

회사가 어느 정도 정상화됐기 때문일까? 긴장이 풀렸는지 나상준 본부장은 마음속에 가끔씩 바람이 지나가는 것 같았다. 마음이 허할 때면 떠오르는 사람. 그래, 오랜만에 3층에 가볼까.

나상준이 유인정 원장의 진료실 문을 두드렸다.

"들어오세요."

문을 밀고 들어서니 뭔가를 골똘히 들여다보고 있는 유 원장의 옆모습이 보인다. 책상 옆에 의자를 갖다 놓고 그림 하나를 비스듬히 세워놓았는데 시선이 거기에 고정되어 있다. 유 원장과 그림이라니, 정말 어울리지 않는 그림이다.

"그간 잘 지내셨습니까?"

"엉, 왔어? 오랜만이야. 그림 어때? 좋지?"

"제가 유일하게 타고나지 못한 게 그림 보는 눈이에요. 하하. 그나저나 예술에 관심이 있으신 줄은 몰랐습니다."

"응. 내가 복싱만 하는 게 아니라 그림도 좋아하지. 나처럼 문무를 겸비한 의사도 만나기 쉽지 않을 거야. 히히."

"원장님 정도 되시면 유명 작가의 그림이겠습니다?"

"이건 신인 작가 작품이야. 비싸지도 않고. 난 젊은 신인 작가의 그림만 사. 신문에 나고 상도 타는 유명한 작가라면 내가 아니라도 작품을 사는 사람이 많잖아?"

"일도 바쁘신데 어느 틈에 그림까지 보러 다니세요?"

"일이 바쁘기 때문에 그림을 보는 거지. 그림은 내 상담가나 마찬가지야. 힘든 이야기를 많이 듣다 보면 나도 힘들어질 때가 있다구. 그럴 때 그림을 보고 있으면 마음이 편안해지지."

"원장님한테도 치료가 필요하시군요? 사람 사는 일에 대해 뭐든지 해결책을 가지고 계실 줄 알았는데 말이에요."

나상준은 생각지도 못했던 유 원장의 새로운 모습을 보는 것 같아 신기하고 반가웠다.

"그럼. 사람들의 힘든 이야기가 다 이 마음속으로 들어오잖아."

"그래서 그림으로 치료를 받으시는 거예요?"

"그렇지. 그런데 재미있는 게 있어. 그림한테도 티모스가 있나

봐. 그림을 이렇게 들여다보면서 뭘 말하는 걸까 생각해보면 어느 순간 그게 보이거든? 그럼, '아, 너는 이걸 말하고 싶었니, 네 말이 맞아' 라고 얘기해주지. 그러면 그림도 기분이 좋은지 더 사랑스러워지고 더 예뻐진다니까?"

"또, 또 오버하신다. 그림이 어떻게 저 혼자 '더' 예뻐져요?"

"정말이야. 이 그림은 젊고 돈 없는 작가의 작품이거든? 사올 때보다 더더 예뻐진 것 같아. 자기를 사주고, 걸어놓고 보고, 관심을 보여주고 했더니 말이야."

유 원장은 정말 애지중지하는 무언가를 대하듯 그림을 그윽한 눈빛으로 바라보았다.

"그림이 내게 예쁜 말을 해주기도 한다구. '아까 내리신 처방은 정말 최고였어요. 그 환자가 나갈 때 표정이 환해지던 거 보셨어요?', '오늘은 뱃살이 쏘옥 들어가셨네요. 다이어트 효과가 나타나나 봐요' 등등 말이야. 아유, 사랑스러워."

나상준은 유 원장의 배를 힐끔 바라보았다. 축구공이 그대로 들어 있었다.

"혹시 그거 알아? 예술가들의 세상 같은 거? 스물댓 살 먹은 젊은이들이 예술을 한다고 애쓰는 거 보면 정말 눈물이 난다니까."

"……."

"언젠가 한 번은 젊은 환자가 왔었어. 화가라 하더라구. 그림을 그리려면 이것저것 필요하잖아. 근데 그럴 돈이 없어서 밤새워 아르바이트를 했대. 밤새 일하고, 낮에는 그림 그리고 그렇게 생활한 거지. 그런데 수면 패턴이 불규칙해져서 불면증으로까지 발전하게 된 거야."

"고생이 많았겠네요."

"아무튼 차근차근 치료를 해나갔는데, 나중에 치료를 마칠 때쯤 선물이라면서 자기 그림 조그만 것을 하나 주더라구? 근데 그걸 보니 아, 느낌이 탁 오는 거야. 그 젊은 화가의 마음이 뭐가 힘들고, 뭐가 좋아졌는지, 또 어떤 부분이 나랑 같이 상담을 해서 좋아졌는지 대번에 알겠더라구."

"그림을 보자마자요?"

"그래. 거기 다 그려져 있었어. 그림이 그를 자살하지 않게 해준 거야. 버티는 힘이 된 거지. 그때 알았어. 아, 이 그림 안에 내가 있구나. 내가 환자에게 기울인 노력도 이 그림 안에 담겨 있구나."

"그렇군요."

"나중에 그 젊은 화가가 전시회에 초대하기에 갔지. 그에게 그림은 돈이 아니었어. 그의 존재 가치를 확인하게 해주고, 그가 세파에 무릎 꿇지 않고 자기 기개를 펼치게 해주는 것."

"아니, 그건 바로……?"

"그래, 바로 티모스야."

티모스 사용 설명서

티모스란?

티모스는 타인에게 인정받고 싶은 욕구, 용기, 기백, 활력이다. 즉 무엇인가를 하도록 인간을 움직이는 최고의 힘이며, 인간에게 잠재되어 있는 몰입과 활력의 에너지다. 직장인에게는 일에 대한 열정의 근원이기도 하다. 나아가 조직 내에서는 조직의 성취를 이루어내는 에너지가 될 수 있다. 이 티모스를 적절히 끌어내 개인과 조직, 나아가 사회가 서로 협력함으로써 최상의 결과를 얻을 수 있다.

고대 그리스인들은 전투 중에 타오르는 분노나 열정 등 뭔가 움직이고 변화하는 기운을 티모스라고 했다. 철학자 플라톤은 영혼이 이성(로고스)과 용기(티모스), 욕망(에피티모스)의 세 가지로 구성된다고 말했다. 다윗과 골리앗의 이야기에 비유해 보자. 다윗이 골리앗에게 항복하면 당장은 생명을 보존하고 굶주림을 피함으로써 욕망을 충족할 수 있다. 그러나 노예가 된 민족은 이성의 힘으로 합리적인 발전을 꾀할 수 없다. 게다가 용기와 기백을 잃으면 영혼을 잃어버리게 된다. 그래서 다윗을 돌팔매를 택했고 결국 민족의 자부심을 지킬 수 있었다. 이렇듯 티모스는 욕망을 지혜롭게 절제하고 좋은 방향으로 이끌어갈 수 있는 힘으로서 꼭 필요하다.

개인편

나의 티모스 수준은 어느 정도일까?

누구나 마음속에 티모스가 있다. 나의 티모스 수준은 어느 정도인지 테스트를 해보자.

번호	질문	네	아니오
1	내가 하는 일에 대해 자부심이 있다.		
2	칭찬을 받으면 내 능력을 훨씬 더 잘 발휘한다.		
3	좋은 평가를 받는 것은 중요하다.		
4	부당한 대우를 받으면 참지 말아야 한다.		
5	조직에서 인정받기 위해 최선을 다한다.		
6	나는 열정적이다.		
7	어려운 일일수록 적극적으로 나서서 해결해야 한다.		
8	남에게 무시당하지 말고 자존심을 지켜야 한다.		
9	노력을 인정받지 못하면 힘이 빠진다.		
10	나는 주변 사람들이 힘을 낼 수 있도록 돕는다.		
11	목표를 이루기 위해서는 욕구를 참고 절제해야 한다.		
12	옳지 못한 일은 바로 잡아야 한다.		

이 중 '네' 라고 대답한 항목이 몇 개 인가?

- **0~5개:** 약한 티모스. 가슴에 열정과 에너지가 부족한 상태. 의욕이 저하되어 있다. 상황에 적극적으로 대처하기보다는 한 걸음 물러서서 냉소적으로 바라본다.
- **6~9개:** 적당한 티모스. 티모스가 건강하게 잘 활동하고 있는 상태. 다소 어려운 일이라도 적극적으로 도전해서 성취한다. 때로는 지치기도 하지만 곧 기운을 회복한다.
- **10~12개:** 아주 강한 티모스. 인정받고 성취하기 위해서 돌진하는 상태. 어려운 일도 물불을 가리지 않는다. 하지만 너무 지나친 것도 좋지는 않다. 노력보다 좋은 결과를 얻지 못하면 갑자기 좌절을 겪을 수 있다. 주변의 좋은 평가를 받지 못하면 대인관계에서 갈등이 생길 수 있다.

티모스 유형에 따른 개인의 특성

티모스가 비대한 사람	티모스가 위축된 사람
강한 인정 욕구	피로
남의 평가에 민감함	의욕 상실
목표를 위한 절제	냉소와 회피
다혈질	탈진증후군
좌절 시 심한 분노와 공격적 행동	우울증

- **티모스가 비대한 사람:** 자존심이 강해서 남에게 지는 것을 참지 못한다. 남의 평가에 민감하고 인정받고 싶어 하는 욕구가 강하다. 좋은 평가를 받기 위해 노력한다. 근성이 있고 도전정신이 강하며, 목표를 달성하기 위해 기꺼이 자신을 절제한다. 반면 인정받지 못하거나 노력한만큼 좋은 평가를 받지 못하면, 크게 좌절하고 불만을 표출한다. 과정보다 결과를 중요시하다 보니, 리더가 되었을 때 동료나 직원들을 심하게 몰아치기도 한다. 하지만 나상준 팀장처럼 팀워크가 결국 자신의 티모스를 부활시키는 원동력임을 깨닫고 나면 동료의 티모스를 잘 발동하기 위해 노력한다.

- **티모스가 위축된 사람:** 현재 상태에 만족하고 남이 어떻게 하든 큰 영향을 받지 않는 상태. 또는 좌절이 반복되어 성취감을 잃고 기운이 빠져 있는 상태. 어려운 일에 도전하지 않고, 경쟁하는 상황을 회피한다. 잘하는 사람 옆에서 배우고 발전하겠다는 생각이 아니라, 냉소적인 태도로 바라보거나 상대를 질투한다. 자기 자신을 인정하지 못하기 때문에 기가 죽어 있고 마음이 위축된다. 티모스를 살려주어야 동기부여가 된다.

자신의 티모스를 건강하게 조절하는 법

1. **자신의 티모스가 가장 활발했던 순간을 떠올려라:** 도전을 해서 성취했던 경험, 어떤 바람으로 가슴이 뛰었던 경험, 좌절을 딛고 용기를 내서 무엇인가를 이루었

던 경험, 남에게 무시당하지 않고 제대로 인정받고 자존심도 지켰던 경험, 그걸 떠올리는 순간 우리 뇌는 잠시 창문이 열리고 티모스가 살아난다. 이것이 '결정적 순간'이다.

2. **스스로를 인정하라**: 스스로를 인정하는 것이 진정한 티모스다. 가장 먼저 자신에 대해 생각해야 한다. 다른 사람의 인정을 받기 위해서만 애쓰고, 정작 자신을 인정하는 데에는 너무 인색했던 게 아닐까 돌아보라. 본인 스스로에게 받는 인정은 다른 누구의 인정보다 강력하다. 나만 진실하게 나를 인정할 수 있다면 타인의 인정은 사실 그리 중요하지 않다. 남에게 인정을 구하기 전에 내가 나를 인정하자. 열심히 살고 있다는 그 한 가지 사실만으로도 나는 대견한 존재이다. 자부심을 갖자. 스스로를 인정하면 마음에 여유가 생겨서 다른 사람의 티모스도 살려줄 수 있다.

3. **긍정적 독백(獨白)을 하라**: 포기하고 싶을 때 "그동안 넌 잘 해왔잖아. 이번에도 할 수 있어"라고 혼잣말을 반복한다. 자신에게 주문을 거는 셈이다. 나를 알아봐주지 못하는 타인에게 화가 날 때, 그리고 인정받지 못해서 기가 죽을 때에는 '너, 잘 살고 있어. 괜찮아'라며 열심히 살아온 나 자신을 격려하자. 긍정적인 혼잣말을 자주 하는 사람이 어려움을 잘 극복한다. 이것이 바로 심리적 회복탄력성의 핵심 요소다.

4. **체력을 길러라**: 몸이 받쳐주면 티모스 조절이 훨씬 쉽다. 조깅이나 빨리 걷기처럼 리듬이 있는 유산소 운동을 1시간 이상 한다. 먼저 우울감이 줄어들고 은근히 오랫동안 기분이 좋아진다. 그리고 좋지 않은 기억을 자꾸 되씹는 습성은 줄어든다. 집착이 분산되는 것이다. 티모스 화력을 조절하는 지혜가 필요하다. "점점 더 세게!"만 외치면 인정 욕구가 몸과 마음을 집어삼켜버린다.

5. **마라톤 같은 '좋은 체험'을 많이 하라**: 좋은 체험을 해야 좋은 심리가 나온다. 정신과 의사로서 볼 때 마라톤은 자신과 타인의 마음을 이해하고 성장시키는 데 더할 나위 없이 좋은 심리 교과서다. 오래 달리면 뇌에서 엔도르핀이 분비되는데, 이것은 천연 마약과도 같은 것이다. 기분이 좋아지고 고통을 잘 이겨내게 된

다. 티모스가 활발해진다. '해냈다'는 성취감이 강해진다. 꼭 달릴 필요도 없다. 마라톤 대회를 구경하기만 해도 다른 사람들의 가슴에서 티모스가 뛰고 있음을 느낄 수 있다. 타인의 티모스를 이해하고 공감하는 데에도 효과 만점이다.

6. **새로운 목표를 설정하라:** 티모스는 사용하지 않으면 퇴화한다. 티모스를 불태우는 연료는 실행목표이고 성취감이다. 목표는 늘 새롭게 업데이트하자. 재작년이나 작년이나 올해나 똑같은 목표가 수첩에 적혀 있는 것은 곤란하다. 까딱하면 매너리즘에 빠진다. 당장 실행할 수 있고 부담이 적은 목표를 세우자. 빨리 달성하고 빨리 또 새로운 목표를 세우자. 그래야 티모스가 힘을 받는다.

조직편

우리 조직의 티모스 수준은 어느 정도일까?

번호	질문	네	아니오
1	우리 조직의 구성원들은 열정적이다.		
2	우리 조직의 리더는 구성원들을 격려하고 권한을 위임한다.		
3	보상과 평가에서 팀 전체의 성과가 개인적 성과보다 중요하다.		
4	어려운 일이 닥치면, 모두 적극적으로 나서서 해결한다.		
5	공정한 성과 평가가 이루어진다.		
	역질문	**아니오**	**네**
6	시키지 않은 일을 왜 하느냐는 냉소적인 분위기다.		
7	우리 조직은 경쟁적이라서 상호협력이 잘되지 않는다.		
8	모난 돌이 정 맞는다는 말이 우리 조직에 딱 맞는다.		
9	무슨 수를 써서라도 내 성과물을 적극적으로 조직에 알려야 한다.		
10	우리 조직은 좀처럼 변화하지 않는다.		

1~5번 질문에 '네' , 6~10번 질문에 '아니오' 로 답하면 각각 1점을 준다.

- **총점 0~4점:** 티모스가 약한 조직. 조직의 업무 몰입도와 사기가 바닥으로 가라앉은 상태.
- **총점 5~7점:** 티모스가 적당한 조직. 성과를 중요시하면서도 구성원들의 열정과 도전 정신을 적절히 반동시키는 상태.
- **총점 8~10점:** 티모스가 아주 강한 조직. 회사에 대한 만족도와 충성도가 아주 높은 상태. 신이 내린 직장이 아닐까?

티모스 유형에 따른 조직의 특성

티모스가 너무 강한 조직	티모스가 너무 약한 조직
강한 인정 욕구	인정에 대한 포기
나-먼저 증후군	냉소주의
시기와 질투	업무몰입 저하
조직보다 개인 우선	의욕 저하
경쟁 과열	각자 개인 영역으로 침잠

- **티모스가 너무 강한 조직(Megalo-thymos):** 티모스, 즉 인정 욕구가 너무 강하면 능력을 인정받고 싶은 나머지 순간적으로 행동 코드를 망각하고, 다른 사람의 아이디어를 가로채거나 남의 영역을 침범하는 일이 벌어지기도 한다. 동료나 상사를 흠집 내고 고객을 가로챈다든지 강한 질투심 때문에 남을 음해하는 경우도 있다. 그러면 조직은 소위 '나먼저 증후군(Me-First syndrome)' 에 빠질 수 있다. 나먼저 증후군이란 혼자 인정받고 싶은 나머지 각자 개인의 실적에만 집중하고 조직원 간 상호 협조를 소홀히 하는 현상이다. 개인의 위상에만 신경을 쓰니 결국 조직 체계가 무너지게 된다.
- **티모스가 너무 약한 조직(Micro-thymos):** 조직 내에 하지 않아도 될 일을 왜 하느냐는 냉소적인 분위기가 퍼지는 경우가 있다. 이 분위기가 오래 지속되는 경우 조직원의 열정이 사라지고 공허한 마음이 들게 된다. 그러다 중년기의 직장인 사

춘기 증후군이나 우울증, 탈진 증후군에 빠지기 쉽다. 그러므로 인정 욕구가 강한 것은 약한 것보다 일단 긍정적이다. 문제는 강한 티모스가 조직과 개인의 목표를 향해 정당한 방법으로 잘 충족되도록 하는 것이다.

조직의 티모스를 건강하게 조절하는 법

1. **공동의 목표를 설정하라**: 조직원의 목표를 다 같이 모인 자리에서 설정하고, 그 것을 계속 주지시키고 업데이트 한다. 팀 내 공동 목표가 설정되면 팀원들은 각 자의 개성대로 목표를 향해 달려갈 것이다. 이때 리더는 이기심을 버리고 팀원들 에게 진심으로 협조를 요청해야 한다. 그리고 팀원들의 티모스 성향에 걸맞은 확 실한 보상과 성과를 약속하는 노력이 필요하다.

2. **좋은 말을 하라**: 일부러라도 좋은 말을 하라. 평소 자주 하는 말버릇을 중요하게 생각하라. 부정적인 말을 자꾸 하면 그 말이 청각기관을 거쳐 뇌에 입력된다. 그 래서 뇌가 기분이 좋아지려 하다가도 그 자극 때문에 스트레스 호르몬을 분비한 다. 호르몬이 온몸을 긴장시켜서 결국 완전 짜증나는 상태로 만들어버린다. 별 이유도 없이 진짜 무기력한 상태에 빠지는 것이다. 말하는 대로 이루어진다. 좋 지 않은 말을 자신과 팀원들의 뇌에 각인시키지 마라.
   진실을 이야기할수록 친절하게 말해야 한다. 사실이긴 하지만 더 이상 듣고 싶지 않거나 불화를 일으키는 말은 굉장히 불친절한 말이다. 친절한 말은 더 듣고 싶 은 말이고 조직을 발전시키는 말이다. 지적을 하더라도 친절하게 하자.

3. **칭찬하라**: 칭찬이란 것은 묘하다. 마법의 주문이다. 다소 과장된 칭찬이라도 좋 다. 칭찬받는 사람은 기분이 좋아지고 칭찬하는 사람을 좋아하게 된다. 칭찬받은 대로 발전한다. 무엇보다 칭찬하는 사람 스스로가 최고의 수혜자다. 다른 사람의 티모스를 키워주는 리더로 성장하게 되기 때문이다. 상대에게 관심을 가지면 칭 찬할 점을 얼마든지 발견할 수 있다. 칭찬은 다 같이 있는 곳에서, 질책은 다른 시선이 없는 곳에서 둘이 조용히 한다.

4. **정면을 보며 함께 산책하라:** 같은 곳을 바라보라. 대화가 잘 풀리지 않을 때는 나와 상대방의 시선이 어디로 향하고 있는지 점검하라. 둘이 같은 곳을 바라볼수록 시야가 많이 겹친다. 그러면 뇌가 경험하는 세상이 비슷해진다. 맘이 잘 통하게 된다. 마주보고 대화하면 서로 정반대를 보고 있는 것이기 때문에 공감대가 떨어진다. 함께 정면을 보며 자연 속에서 산책하라. 앞을 보면 생각도 앞으로 나가며, 미래를 보게 된다.

5. **나보다 우리다:** 다 같이 있을 땐 무조건 '우리' 를 잊지 말라. 혼자 가는 것보다 함께 가는 것이 멀리 갈 수 있다. 개성이 강한 사람들이 모였을 때는 서로 조화를 이루는 방법도 생각해보자. 티모스가 강한 사람끼리 만나면 경쟁심이 발동해서 갈등이 커지기 쉽다. 이럴 때 상대방이 잘못되었다고 비난하기보다는 '저 사람도 티모스가 강한데 그게 충족되지 않아서 저러는구나' 라고 가슴속 티모스의 불만을 파악하자. 리더는 양쪽의 티모스를 모두 살펴보고 조율해야 한다. 무심코 한쪽 티모스만 편을 들었다가는 큰일 난다.

누구나 가졌지만 아무도 찾지 못한 열정
티모스 실종 사건

제1판 1쇄 발행 | 2015년 2월 25일
제1판 6쇄 발행 | 2016년 4월 6일

지은이 | 우종민
스토리 | 정한율
펴낸이 | 고광철
펴낸곳 | 한국경제신문 한경BP
편집주간 | 전준석
책임편집 | 황혜정
기획 | 이지혜 · 백상아
홍보 | 이진화
마케팅 | 배한일 · 김규형 · 이수현
디자인 | 김홍신

주소 | 서울특별시 중구 청파로 463
기획출판팀 | 02-3604-553~6
영업마케팅팀 | 02-3604-595, 583 FAX | 02-3604-599
H | http://bp.hankyung.com   E | bp@hankyung.com
T | @hankbp   F | www.facebook.com/hankyungbp
등록 | 제 2-315(1967. 5. 15)

ISBN 978-89-475-4000-1   03320